山本悌二郎奠基的糖業新時代

館長序

臺灣糖業發展最早追溯至荷蘭時期。打狗逐漸發展成南臺灣糖業生產重鎮，日後日人來臺，因緣際會選定橋仔頭建立新式製糖廠，引進現代化生產設備，提高產量及生產效率，讓臺灣糖在全球市場佔有舉足輕重的地位，這也是高雄城市後續發展的契機之一。而新式糖廠的擘劃者就是本書的主人翁－山本悌二郎先生。

山本悌二郎是日本新潟縣佐渡島（今佐渡市）人，十餘歲往東京，隨後負笈德國學習農業。返國後，參加臺灣製糖株式會社創社，參與擇定橋仔頭設立工廠的決策。在他的領導下，製糖會社業務蒸蒸日上，製糖廠遍布南、北各地。山本在製糖會社內從社員一路升任到社長，資歷完整；後而更入閣擔任農相（農林大臣）。為紀念前人功績，會社社員捐資且邀請臺灣藝術家黃土水為他塑像，翻成銅像後豎立在橋仔頭製糖所社宅事務所的玄關。但隨著時光荏苒，物換時移，銅像遠渡海洋，歷史記憶亦逐漸遭人遺忘。

這座銅像輾轉流徙，最後立於佐渡市真野公園。經由謝長廷大使和若林素子女士等居間協調，陳其邁與渡邊龍五兩位市長合作，終於成就山本銅像回歸橋頭糖廠原址之佳話。高雄市立歷史博物館透過研究了解山本悌二郎在臺灣糖業發展史上的作為，以及黃土水創作銅像之始末，深覺在臺灣糖業歷史發展的各種歷史功過論述中，實應添加這一段塵封的歷史記憶，遂有此本專書之出版。歷史持續地在推進，當代的生活與過往有千絲萬縷的關係，衷心盼望這本書能為讀者提供思考當下處境與開啟未來行動的知識與力量。

高雄市立歷史博物館
代理館長

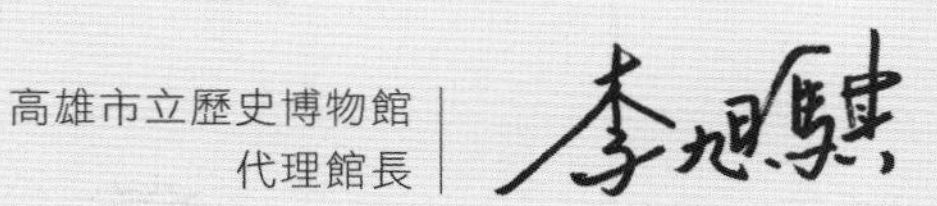

ごあいさつ

台湾糖業発展の歴史は17世紀のオランダ時代までさかのぼることができます。打狗（高雄）は南部台湾の糖業生産の重要地として発展していきますが、日本人来台後、橋仔頭を新式製糖工場の建設地に選定、近代的な生産設備を導入して生産量、効率を向上させます。台湾産砂糖が世界市場の中で重要な地位を占めることになり、それが高雄の都市発展の契機の一つとなりました。新式製糖工場設置を進めたのが本書の主人公である山本悌二郎氏です。

山本は新潟県佐渡島（現在の佐渡市）出身、十代で上京、その後ドイツで農業を学びます。帰国後台湾製糖株式会社の設立準備に携わり、工場建設地に橋仔頭を選ぶ決定に深くかかわります。山本の指揮の下、製糖会社は成長を続け、工場が各地に建設されます。その後製糖会社の一社員から社長にまで昇りつめ、さらに農林大臣として入閣を果たします。山本の功績を記念して、社員の募金によって台湾の芸術家黄土水に塑像制作を依頼、その銅像は橋仔頭製糖所の社宅事務所の玄関前に飾られました。しかし、時の流れとともに、銅像は海を渡り、徐々に忘れられた存在となります。

各地を転々とした銅像は、やがて佐渡市の真野公園に設置されます。この度、謝長廷駐日代表、若林素子女史のご尽力、渡辺竜五、陳其邁両市長のお力添えにより、山本の銅像が元々の設置場所である橋頭糖廠に里帰りすることになりました。高雄市立歴史博物館では、台湾糖業発展における山本の役割、黄土水による銅像作成の経緯等を研究、その功罪も含めて歴史として記録するべきものであると考え、ここに本書の刊行に至りました。歴史はたえず前に進み、現代の生活とも密接にかかわっています。本書が読者の皆様が現代について考え、未来に向けた行動を起こすための知識、原動力となれば、それ以上の喜びはありません。

高雄市立歴史博物館
代理館長

銅像串起的
百年臺日歷史

2020 年底，當時我仍任職於高史博，因公務拜訪謝長廷大使。在公事處理完畢後，謝大使告訴我，他希望能將臺灣雕塑大師黃土水所製作，現位於佐渡市的山本悌二郎銅像，讓它回到原來的橋頭糖廠，但關於山本悌二郎與橋頭糖廠的關係、銅像為何會從高雄到佐渡，一連串的問題，希望高史博能夠協助調查釐清。

得知謝大使的用意，雖感覺這是個「不可能的任務」，但仍允諾全力協助，館內研究員莊天賜博士，正是研究臺灣糖業史的專家，他很快的整理資料，並調查出銅像輾轉於臺日間的原因，做了一份簡短的報告送交謝大使，也感動了佐渡市民，願意讓離開臺灣一甲子的銅像返鄉。高史博能在這個歷史事件中略盡棉薄之力，讓全館同仁都感到驕傲。

在銅像返回橋頭的同時，也該讓更多的民眾知道這尊銅像串起的百年臺日歷史，尤其是百年前這座城市因糖業而帶動的現代化發展，離鄉背景來到臺灣貢獻所長的山本悌二郎，開創臺灣現代美術的黃土水，還有百年之後，為了這座銅像返鄉而付出心力的所有人。於是莊天賜研究員將當初簡短報告寫的更完整，讓關心的朋友更能瞭解銅像代表的百年歷史。

每一座城市，都是由先賢一磚一瓦所雕砌而成，打造的過程，就是城市獨一無二、引以為傲的故事。這尊立於橋頭糖廠前的銅像，也正在告訴我們這個屬於高雄的故事，請大家打開這本書，慢慢品味這橫跨百年的高雄物語。

國立高雄科技大學
副教授

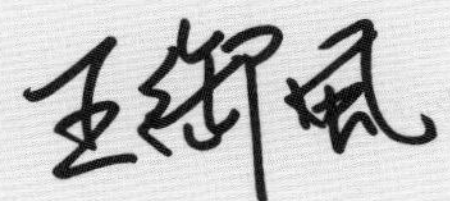

銅像が繋ぐ
百年の日台史

2020 年末高雄市立歴史博物館に奉職していた私は、公務のため謝長廷駐日代表を表敬訪問しました。仕事の話が終わると、謝代表からある意向を伝えられます。台湾の大彫刻家である黄土水が制作、現在は佐渡市にある山本悌二郎銅像を、元の設置場所である橋頭糖廠に戻したい、そして山本と橋頭糖廠の関係、銅像がなぜ高雄から佐渡に渡ったのか等について、高史博で調べてほしいというものでした。

私は大使の意向を汲み、これが「ミッションポインポッシブル」であることを直感しながらも、全面協力を約束しました。幸い台湾糖業史研究の専門家である当館研究員の荘天賜博士が、すぐに資料を整理、銅像が日本に渡った経緯等について簡単な報告書を謝代表に送りました。それが佐渡市民の方々の心を動かし、六十年の時を経て銅像が台湾に帰郷することになりました。この歴史的事件に、当館が微力ながらも貢献できましたことは、職員全員の誇りでもあります。

銅像の橋頭帰郷に際し、銅像が繋いだ日台の百年史、とりわけ糖業がもたらしたこの都市の近代化発展、遠く台湾まで来てその能力を発揮した山本悌二郎、台湾近代美術の先駆者である黄土水、さらに銅像帰郷に尽力した人々のことについて、より多くの市民の皆様に知っていただきたいと考えました。そこで荘研究員が当初の報告をより完全なものに増補修正、銅像が紡ぐ百年の歴史を紹介する本書が完成しました。

すべての都市には、先人たちが一歩一歩積み上げてきた歴史があります。それはその都市だけの唯一無二の物語です。橋頭糖廠前に飾られた銅像が高雄の歴史を語りかけてきます。百年にわたる高雄の物語を是非ご一読ください。

国立高雄科技大学
準教授

目錄

目録

楔子：
1927 年的一尊雕像

1927 年，58 歲的山本悌二郎結束在臺灣 27 年的製糖會社任職生涯，即將離開臺灣。當時的他，創造了臺灣製糖業的一場蛻變，是臺灣產業界風雲人物，寫下好幾個臺灣製糖業第一，正準備帶著滿滿從臺灣獲取的成就與聲望，風光衣錦還鄉入閣就任農林大臣，同時再拿下故鄉佐渡「最初の大臣」一個新的第一頭銜。

1927 年，32 歲的天才雕塑家黃土水正頂著臺灣人第一位、且連續 4 度入選帝展的光環，名氣如日中天。這一年，山本悌二郎、黃土水兩位各自在產業界、藝術界引領風騷的重量級人物，因著成就與名氣而相遇，交會出 1 尊山本悌二郎雕像。

1927 年的山本雕像，兩年後變成銅像豎立在山本悌二郎一手創建的橋頭糖廠，這也是標註山本與臺灣新式製糖業革命的印記。然而，戰後的政權交替，銅像流轉到了日本，一如臺灣對山本悌二郎的記憶隨歲月流逝而遠去。沒有山本銅像的橋頭糖廠，讓山本悌二郎與臺灣新式製糖業關係變得模糊不清。

2022 年，山本銅像在睽違高雄超過一甲子後返鄉，翻製的山本銅像將重新豎立在橋頭糖廠。賦歸的銅像悄悄喚起屬於高雄、臺灣、糖業的山本悌二郎記憶。不確定這份記憶能否清晰如昨？但我們努力。

楔：
1927 年の彫像

1927 年、58 歳の山本悌二郎は 27 年間の台湾での製糖会社勤めを終えて、台湾を離れることになりました。当時の山本は、台湾製糖業の一大改革を成し遂げた台湾産業界の風雲児でした。台湾製糖業の数々のナンバーワンを記録、台湾での実績、声望を引っ提げて故郷に錦を飾り、農林大臣就任を控えていました。そしてそれは故郷佐渡「最初の大臣」という栄誉でもありました。

同じ年、32 歳の天才彫刻家黄土水は台湾初、そして 4 度の帝展入選の実績を持ち、その名声は日に日に高まっていました。この年、産業界、芸術界というそれぞれの分野で重要人物として注目を集めていた山本悌二郎と黄土水が出会い、山本の彫像が誕生することになるのです。

1927 年の山本の胸像は、二年後銅像となって山本が手がけた橋頭糖廠（製糖工場）に設置され、山本と台湾新式製糖業革命の象徴となります。しかし、戦後の政権交代によって、銅像は日本に送られ、台湾では山本に関する記憶も月日と共に忘れられていきました。橋頭糖廠から銅像が消えたことで、山本と台湾新式製糖業との関係も薄れていきました。

2022 年、山本の銅像が 60 年ぶりに高雄に帰郷、複製銅像が再び橋頭糖廠に設置されます。帰還した銅像が高雄、台湾、糖業にまつわる山本の記憶を呼び起こします。この記憶は昨日起こったことのように鮮明なものかはわかりません。それでも私達は努力を続けます。

第一章 糖業的黃金時代

糖業是臺灣歷史上最重要的經濟產業之一，從荷治、鄭氏、清治、日治到戰後中華民國立足臺灣，歷久不衰，每年幫臺灣賺取不少外匯。每到製糖期空氣中散發的甜甜糖味，是不同時代糖廠人記憶中共同的味道。

19 世紀下半葉臺灣開放港口通商，臺灣糖銷售重新走向世界，打狗、安平是主要的糖輸出港，日本是臺灣糖的主要市場。同一時期，近代化風潮也傳到東亞。1861 年（咸豐 11），大清帝國開始展開洋務運動，但位於帝國邊陲的臺灣，得遲至 1874 年（同治 13）牡丹社事件後，才由欽差大臣沈葆楨奏請開始洋務運動。儘管如此，臺灣製糖業卻在清末近代化運動中缺席，仍維持著傳統運用人力、獸力的生產方式。

糖業の黄金時代

糖業は台湾の歴史上重要な経済産業の一つで、オランダ、鄭成功、清朝、日本から戦後の中華民国時代に至るまで台湾に根を張り、外貨をもたらしてきました。製糖時に漂う甘い匂いは、製糖工場で働いてきた人々の共通の記憶になっています。

19 世紀後半台湾は開港し、諸国との通商を開始、台湾糖が世界に輸出されます。打狗（高雄）、安平が主要な輸出港となり、日本も市場の一つとなりました。またこの時期、近代化の波が東アジアにも押し寄せます。1861 年（咸豊 11）、大清帝国が洋務運動に着手しますが、帝国の周縁にあった台湾では、1874 年（同治 13）の牡丹社事件発生後、ようやく欽差大臣沈葆楨によって洋務運動が始められます。とはいえ、台湾製糖業はこの清末の近代化運動では看過され、依然として人力、家畜に頼った生産方式が維持されました。

圖 1-1-1 清乾隆年間的「番社采風圖—糖廍」，描繪了傳統製糖樣貌。（國立臺灣歷史博物館典藏）

図 1–1–1 清朝乾隆年間の「番社采風図——糖廍」には伝統的な製糖の様子が描かれている。（国立台湾歴史博物館所蔵）

1895 年（明治 28）日本統治臺灣，無疑也取得一處糖產地。然而，日治初期頻繁的抗日行動，致使糖產量大為減少，加上龐大的軍費支出，亦使日本不但沒能享受佔領臺灣的果實，反而還得從國庫撥經費來彌補總督府赤字。為擺脫窘境，總督府決定展開「殖產興業」。擁有優良糖業環境卻製糖方式落後的臺灣，成為總督府評估最具發展近代化潛力的產業，因此，製糖業成為日本當局最早進行全面近代化的產業。

1895 年（明治 28）日本は台湾を領有、糖の一大産地を獲得します。しかし、統治初期は各地で抗日行動が頻発、生産量は激減、さらに膨大な軍事費支出のために、日本は台湾領有の恩恵を得られなかっただけではなく、逆に国庫から総督府の赤字を補填する必要がありました。この苦境を脱すべく、総督府は「殖産興業」を打ち出します。その中で環境に恵まれながら旧態依然の製糖方式であった製糖業は、近代化の可能性を秘めた産業であると評価されます。そのため、製糖業は日本が台湾で最初に全面的近代化を進めた産業となりました。

所謂製糖業近代化，是指設立新式機器製糖工廠，運用機械為製糖動力。1900 年（明治 33）12 月，在國家權力與財閥資本配合下，臺灣第一家新式製糖會社—臺灣製糖株式會社（以下簡稱臺灣製糖）成立；1902 年（明治 35），臺灣製糖第一個新式糖廠在橋仔頭開始運作，是臺灣進入新式製糖業時代的開端。

製糖業の近代化とは、新式機材を用いた製糖工場の設立、機械による製糖作業のことを指します。1900 年（明治 33）12 月、国家と財閥資本の協力によって、台湾初の新式製糖会社である台湾製糖株式会社（以下台湾製糖と略す）が設立され、1902 年（明治 35）には初の新式工場である橋仔頭製糖場が稼働を開始します。これが台湾の新式製糖業時代の端緒を開くこととなります。

圖 1-1-2 傳統製糖是以牛拉力轉動石磨，榨出蔗汁。（本館典藏）

図 1-1-2 伝統的な製糖法では、牛に石臼を挽かせて糖液を搾出していた。（当館所蔵）

圖 1-1-3 新式製糖採用機械壓搾甘蔗。（本館典藏）

図 1-1-3 新式製糖の機械による搾汁。（当館所蔵）

1902 年（明治 35），總督府公布「臺灣糖業獎勵規則」，對於投資新式製糖業者提供政策、現金或實物獎勵補助，同時設立直屬總督府的特設機關臨時臺灣糖務局（簡稱糖務局）執行糖業獎勵政策。往後 10 年，臺灣新式製糖業開始驚人成長，糖產地不斷由南往北、由西往東擴展，跨過濁水溪和越過中央山脈，到處可見新式糖廠設立，糖業黃金時代就此展開。1910 年代，臺灣總督府收到的砂糖消費稅即超過歲入總額 4 成，不但使總督府擺脱赤字，還能提供殖民地獻金給日本母國政府。糖業在日治時期產業發展長期居重要地位，即便是到日治末期發展軍需工業，製糖產生的副產品無水酒精也是重要戰略物質，這讓糖廠成為二戰期間盟軍重要的轟炸目標。

1902 年（明治 35）、総督府は「台湾糖業奨励規則」を公布、新式製糖業者には制作、現金、現物等による奨励、補助を行い、同時に総督府直属の特設機関「台湾糖務局」（略称糖務局）を設置、糖業の奨励政策を実施した。その後の 10 年間、台湾の新式製糖業は驚異的な発展を遂げ、産地は南から北、西から東へと拡大、濁水渓、中央山脈を越えて、各地に工場が設立されて、糖業の黄金時代を迎えます。1910 年代の砂糖消費税は総督府歳入の四割を占めます。当局は赤字を脱しただけでなく、日本政府の国庫に還元するまでになったのです。糖業は日本統治期の産業のなかで、常に重要な地位を占めており、統治末期の軍需産業発展の際には、製糖から副産品である無水アルコールは重要な戦略物資となったため、第二次大戦中には製糖工場も連合国軍の空襲の標的となりました。

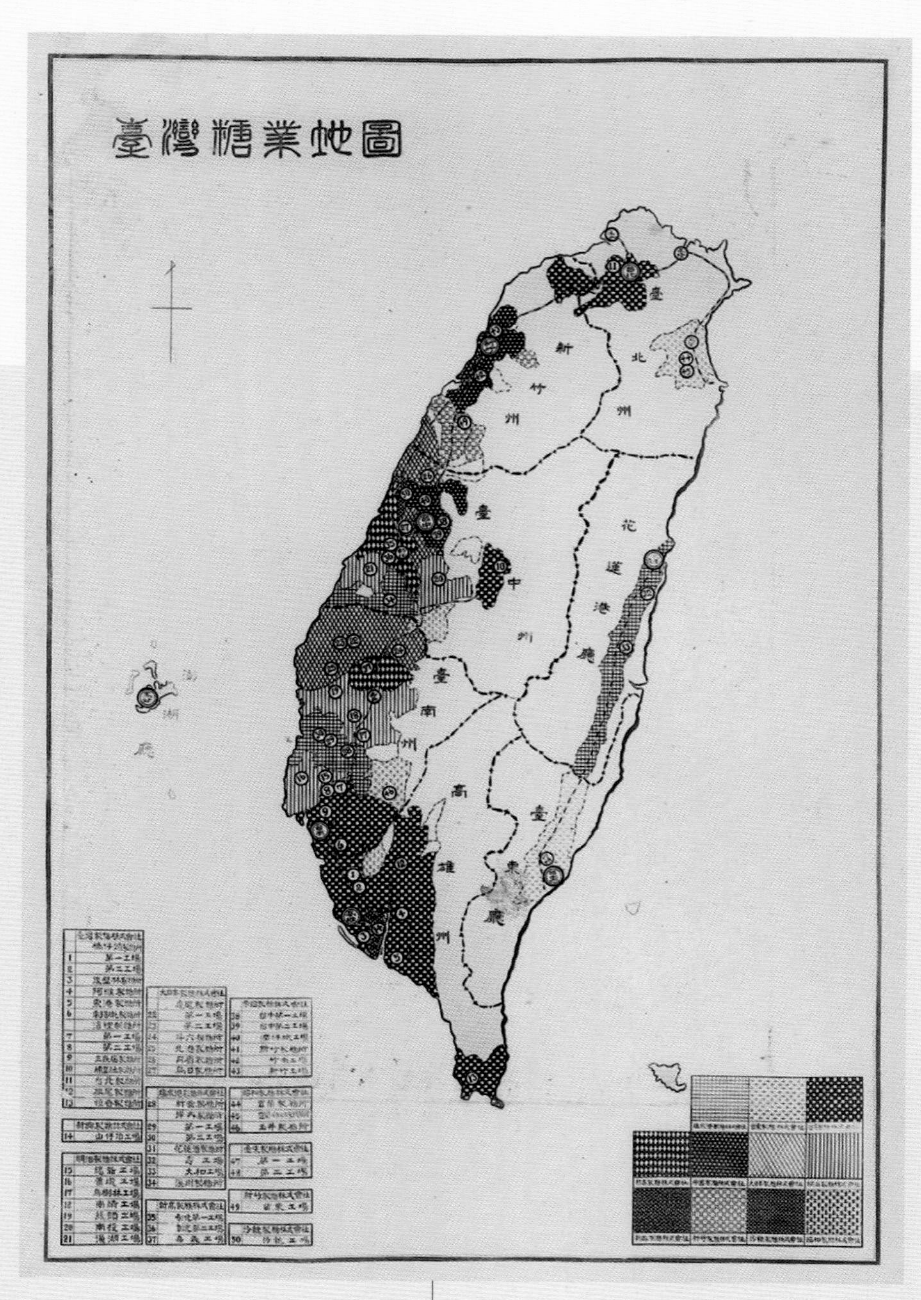

圖 1-1-4 日治中期臺灣各地分布數十處新式糖廠。（本館典藏）

図 1-1-4 日本統治中期には台湾各地に数十か所の新式製糖工場が建設されていた。（当館所蔵）

圖 1-1-5 日治到戰後 1970 年代，糖是臺灣賺取外匯的主力。本圖是 1930 年代高雄港臺灣製糖倉庫等待輸出的砂糖。（本館典藏）

図 1-1-5 日本統治期から戦後 1970 年代に至るまで、糖は台湾外貨獲得の主力であった。写真は 1930 年代高雄港の台湾製糖倉庫で輸出を待つ砂糖。（当館所蔵）

二戰後，中華民國政府接收臺灣，日治時期各製糖會社的資產全數被政府接收，統合成立公營的臺灣糖業公司。當時各糖廠百廢待舉，在糖廠人員的努力修復下，逐漸恢復產能。1953 年，臺灣參與簽署國際糖業協定，獲得僅次於古巴、全球第 2 多的蔗糖出口配額，造就 1950-70 年代，臺灣重回糖業的黃金時代。糖是臺灣賺取外匯的主力，最高曾占外匯總收入 7 成，糖賺取的外匯成為日後臺灣經濟發展的底氣。

第二次大戦後、中華民国が台湾を接収、日治時期の各製糖会社の資産も政府に接収、公営の台湾糖業公司に統合されます。当時の製糖工場は戦火により荒廃していましたが、関係者の努力により徐々に復興していきます。1953 年、台湾は国際糖業協定に調印、キューバに次ぐ世界第二位の輸出量を配分され、1950 年代から 1970 年代にかけて、台湾は再び過去の黄金時代を取り戻します。砂糖が外貨獲得の主力となり、多い時には外貨収入の七割を占め、その後の経済発展の下地となります。

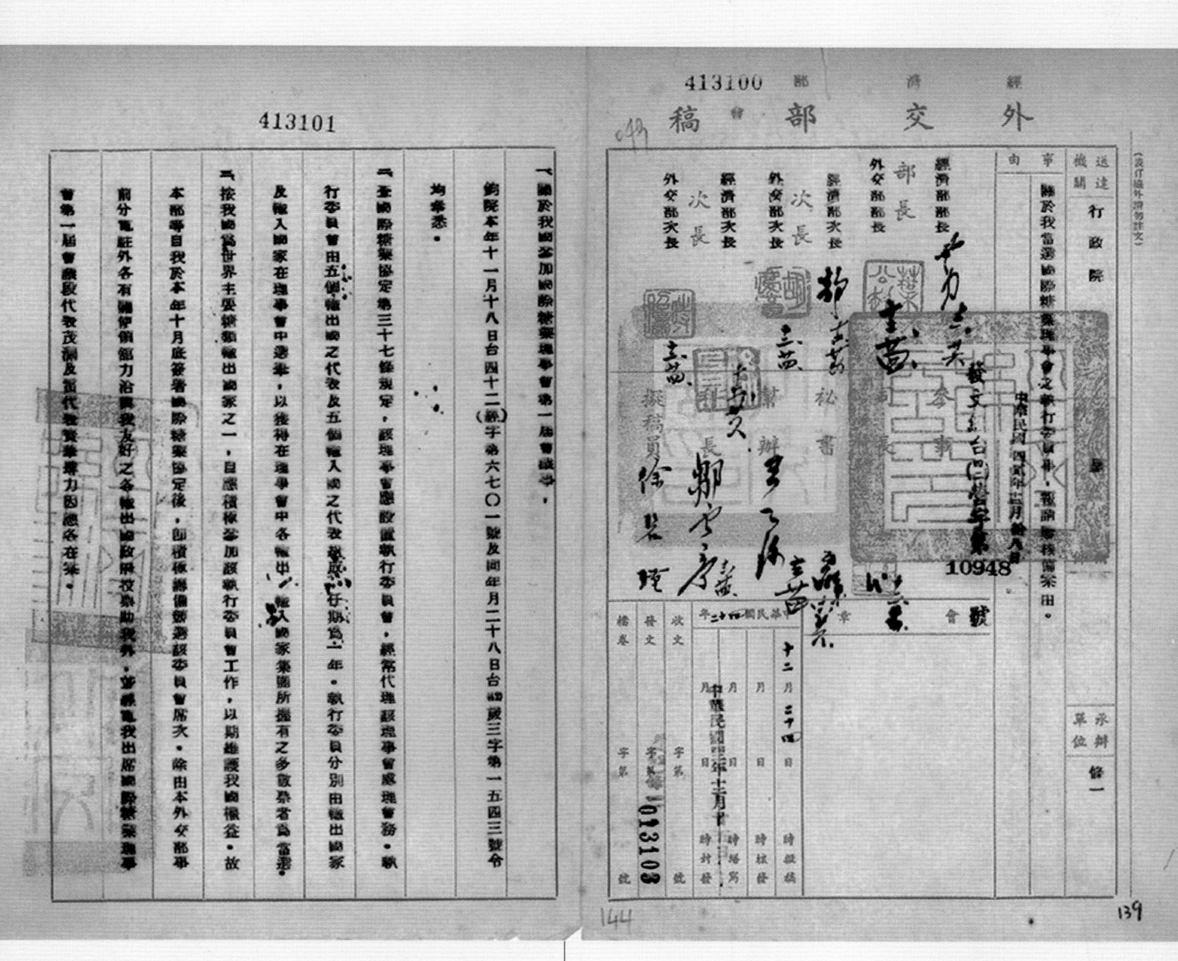
413101

一、關於我國參加國際糖業理事會第一屆會議事，
鈞院本年十一月十八日台四十二(經)字第六七〇一號及同年月二十八日台四十二經三字第一五四三號令
均奉悉。
二、查國際糖業協定第三十七條規定，該理事會應設置執行委員會，經常代理該理事會處理會務。執
行委員會由五個輸出國之代表及五個輸入國之代表組成，任期為一年。執行委員分別由輸出國家
及輸入國家在理事會中選舉，以獲得在理事會中各輸出(入)國家集團所握有之多數票者為當選。
三、按我國為世界主要糖輸出國家之一，自應積極參加該執行委員會工作，以期維護我國權益。故
本部等自我於本年十月底簽署國際糖業協定後，即積極籌備競選該委員會席次。除由本外交部事
前分電駐外各有關使領館力洽駐在國政府投票協助我外，並經電我出席國際糖業理事
會第一屆會議代表茂潤及首代表[illegible]努力因應各在案。

413100
經濟部 外交部 會稿
事由：關於我當選國際糖業理事會之執行委員...
10948

圖 1-1-6　1950-60 年代，糖也扮演了臺灣對中國在國際外交場合角力的利器。本圖是 1953 年我國當選國際糖業理事會執行委員，以及爭取到全球第二多砂糖輸出配額的相關文獻。（國家檔案管理局提供）

図 1-1-6　1950 年代から 1960 年代、砂糖は国際外交の舞台で中国に対抗する武器となっていた。写真は、1953 年に我が国が国際糖業理事会執行委員に選出、世界第二の輸出量を配分された際の文書。（国家档案管理局提供）

CHINE
CHINE
CEYLAN

圖 1-1-7 1961 年，臺糖勞、資代表出席瑞士日內瓦舉行的第四屆種植委員會會議及勞工會議開會情形。前排左 1 是臺灣勞方代表陳水能，左 2 是臺灣資方代表鄭天錫。（本館典藏）

図 1-1-7 1961 年、台湾製糖の労働者、資本家代表がスイス・ジュネーブで行われた第四回栽培委員会会議と労働者会議に出席した時の模様。前列一番左が台湾労働者代表陳水能、二人目が資本家代表鄭天錫。（当館所蔵）

回顧臺灣製糖業發展的過程，日治初期推展的糖業近代化，是日治到戰後糖業不斷進化，在世界市場擁有一席之地的重要關鍵。而山本悌二郎是糖業近代化處在第一線的指揮執行者，從新式糖廠用地選擇，製糖機器進口、安裝，一直到糖廠完工開始運作，山本無役不與，甚至後來成為最大新式製糖會社掌舵者。山本悌二郎是臺灣成功進入新式製糖時代的關鍵人物，新式製糖業又深深影響著臺灣百年來經濟發展。

如把山本悌二郎創建的橋仔頭製糖所放在高雄歷史發展脈絡來看，同樣具有劃時代的意義。高雄是日治時期興起的新興城市，工業是日治後期日本當局賦予高雄的城市定位，橋仔頭製糖所是高雄第一個全面機械化工廠，工廠建立及運作後產生的需求，推動日後打狗築港計畫的定案與執行，對於高雄未來城市形塑影響至大。

因此，無論從糖業或是高雄城市發展的角度，山本悌二郎都應該是要被認識的人物。高雄市立歷史博物館特別藉由山本銅像返鄉重新豎立於橋頭糖廠的機會，在橋頭糖廠社宅事務所規劃「百年跨越・文化賦歸―山本悌二郎奠基的糖業新時代」特展，並出版《山本悌二郎奠基的糖業新時代》，希望能讓民眾認識這位帶領臺灣糖業及高雄歷史邁入新時代的人物，同時遙想那個曾經的糖業黃金時代。

台湾糖業発展の歴史を振り返ってみると、日本統治初期に進められた近代化が、糖業が日本時代から戦後にかけて進化を続け、世界市場で重要な位置を占めるまでになったターニングポイントであったことがわかります。山本悌二郎はこの近代化の第一線で指揮をとり、新式工場用地の選定から製糖機材の輸入、設置、新式工場完成後の稼働まで、そのすべてに関わります。さらに台湾最大新式製糖会社のかじ取り役となります。山本は台湾を新式製糖時代に導いた重要人物であり、また新式製糖業は台湾百年の経済発展に大きな影響をもたらしました。

また、高雄の歴史発展の文脈で山本が創設した橋仔頭製糖所を考えた時も、それは画期的な意義を持つ出来事となります。高雄は日本統治期に発展した新興都市であり、統治後期には工業都市として位置づけられます。橋仔頭製糖所は高雄初の全面機械化の工場として、工場建設、稼働のための様々な必要が、打狗築港計画の策定、実行を促し、その後の高雄の都市発展に大きな影響を与えました。

従って、糖業の発展、高雄の都市発展、いずれの角度から見ても、山本悌二郎はより多くの人にその存在を知られるべき人物なのです。高雄市立歴史博物館では、山本の銅像が帰郷、橋頭糖廠に再び設置されるこの機会に、「100年の時を越えた文化の帰郷：山本悌二郎が築いた糖業新時代」特別展を企画、『山本悌二郎が築いた糖業新時代』を刊行、台湾糖業及び高雄全体を新時代に導いた山本を紹介、かつての糖業黄金時代を振り返ってみたいと考えました。

第二章 糖業專家養成記

第一節　孕育專家的島嶼

山本悌二郎出身佐渡島，儘管臺日兩國近年來交流頻繁，但多數臺灣人恐怕對佐渡島感到陌生，遑論是踏上島嶼。在聽我們娓娓道來山本悌二郎故事之前，不妨先來了解一下佐渡島，神遊這個古越後國進出日本海側的玄關。

糖業専門家になるまで

第一節　専門家を育んだ島

山本悌二郎は佐渡島出身。近年日台両国の交流が非常に盛んとはいえ、佐渡島を知っている、ましてや行ったことのある台湾人はほとんどいないのではないでしょうか。山本について紹介する前に、まずは古えの越後の国が日本海側に進出する際の玄関口であった佐渡島を旅してみましょう。

圖 2-1-1 新潟縣古稱「越後國」，佐渡島是古越後國進出日本海的玄關。(「越後全圖並佐州圖」)

図 2-1-1 新潟県はかつて「越後国」と呼ばれ、佐渡島は越後国から日本海に出る際の玄関口であった。（「越後全図並佐州図」）

佐渡島位於日本本島西側的日本海中，從高雄到佐渡島的直線距離大約是 2,400 多公里，足足可繞臺灣兩圈，或是國道 1 號往返高北 3.5 次。在行政劃分上，佐渡島獨立劃為佐渡市，隸屬新潟縣，到日本本島最短距離是 32 公里。從佐渡的兩津港乘船到新潟港，最快大約要 70 分鐘。

佐渡島は日本本州西側の日本海側にあり、高雄から佐渡島は直線距離で約 2400 キロ、台湾二周分、台湾の国道 1 号線高雄台北間を 3.5 往復した距離にあたります。行政区分上は佐渡島は独立した佐渡市で、新潟県に属しています。本州との最短距離は 32 キロ、佐渡の両津港から新潟港までフェリーで約 70 分で結ばれています。

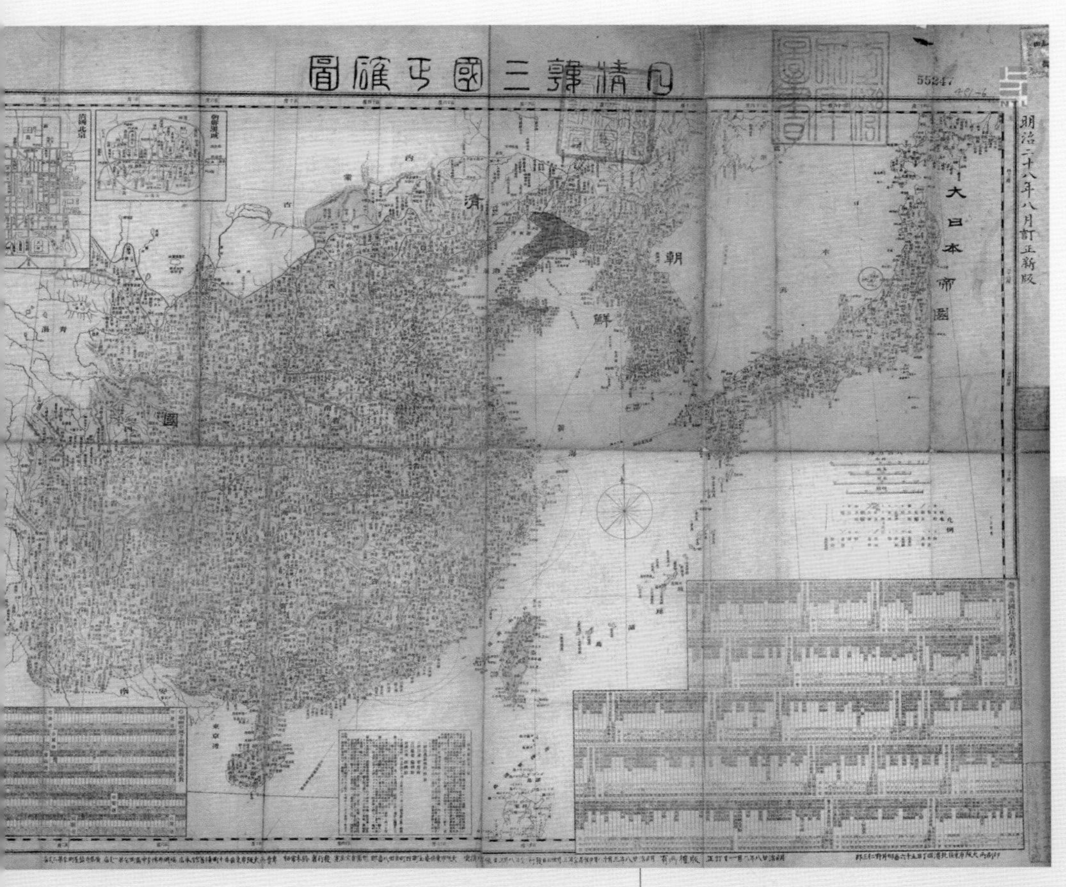

圖 2-1-2　日本治臺初期日本國地圖。
（國立臺灣圖書館典藏提供）

図 2-1-2　日本統治初期の日本国地図。
（国立台湾図書館所蔵、提供）

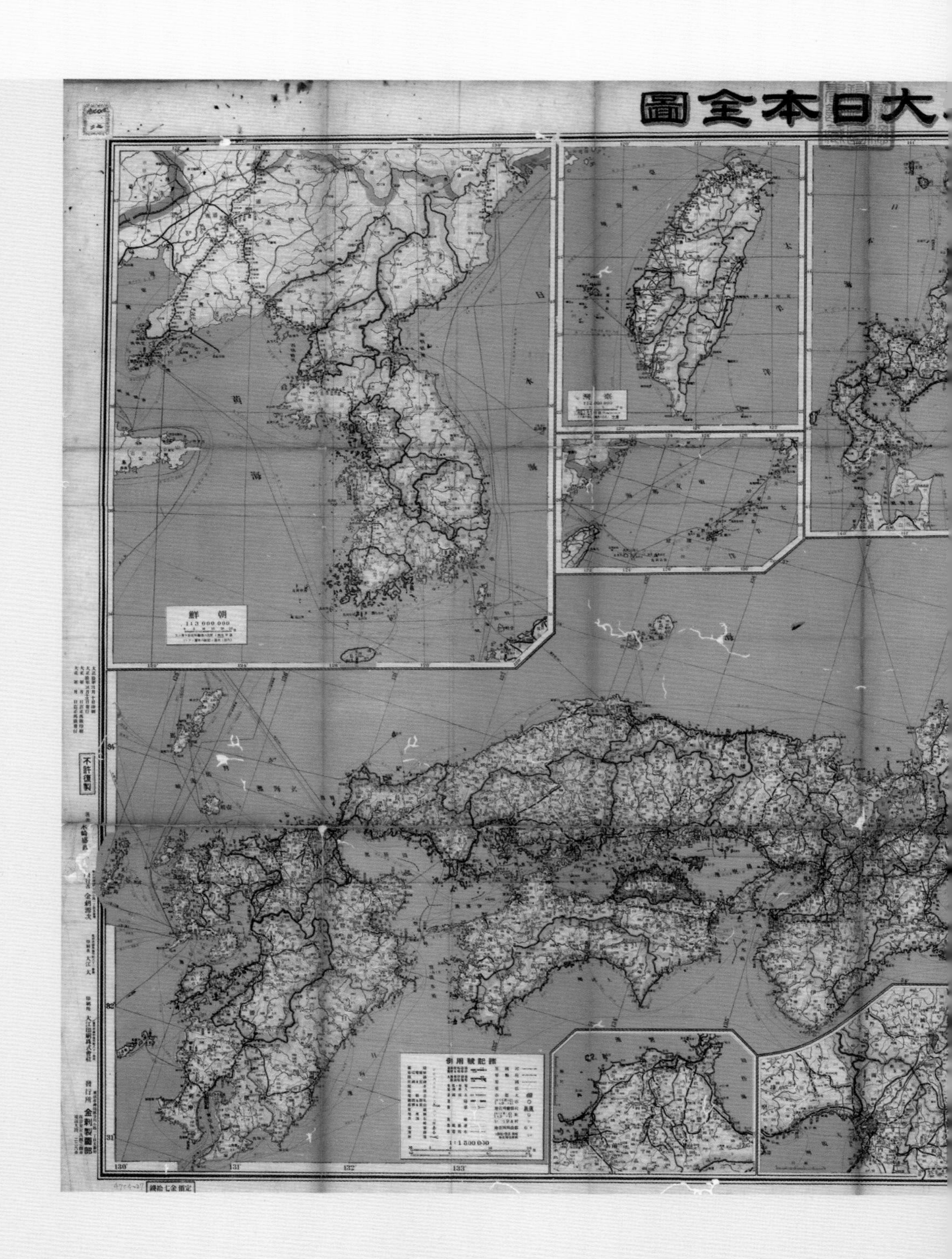
大日本全圖
朝鮮
臺灣
不許複製
記號用例

圖 2-1-3 佐渡島位於日本本島臨日本海側。（國立臺灣圖書館典藏提供）

図 2-1-3 佐渡島は日本本州の日本海側にある。（国立台湾図書館所蔵、提供）

圖 2-1-4 佐渡島位於新潟縣北方，行政上亦屬新潟縣管轄。

図 2-1-4 佐渡島は新潟県の北方にあり、行政上も新潟県に属している。

佐渡島面積約855平方公里，是日本四大島外僅次沖繩島的第二大離島，也是日本海側最大島嶼，人口約5萬6千人。全島呈現「工」或「S」的形狀，北邊又稱大佐渡，南邊又稱小佐渡，中間是人口較為稠密的國仲平原。

佐渡島の面積は約855㎢、日本の主要四島をのぞくと、沖縄本島についで二番目に大きい離島、日本海側では最大の島です。人口は約5万6千人。島は「工」字あるいは「S」字型で、北側を大佐渡、南側を小佐渡とも呼び、中間は人口が集中している部分は国仲平原です。

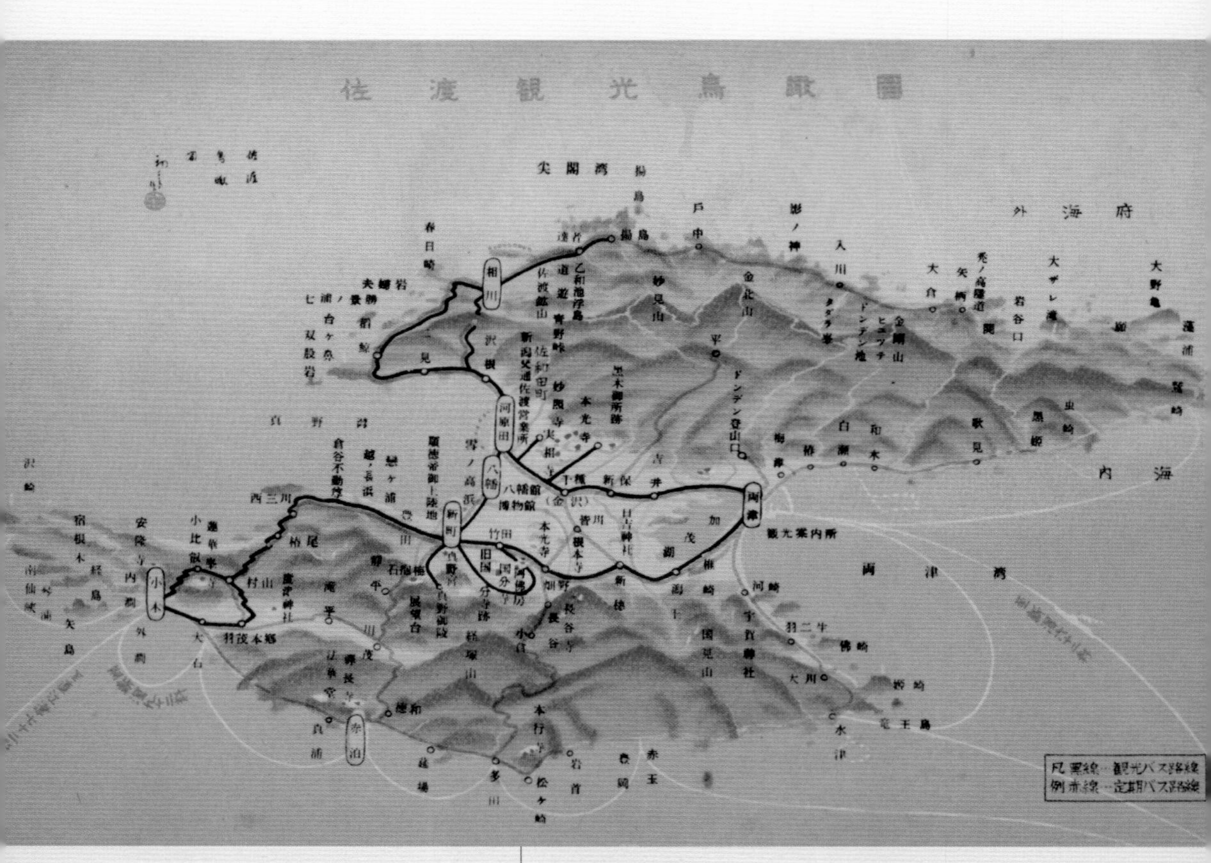

圖 2-1-5 佐渡島地圖。（本館典藏）

図 2-1-5 佐渡島地図。（当館所蔵）

最晚在 1 萬年前，佐渡島已有人類生存紀錄。在日本最古老的史書《古書紀》中，佐渡島是日本國誕生大八島的第七個島嶼。由於佐渡島孤懸於日本海中，自奈良時代（710-794）開始，就是朝廷政爭失敗者或是異議份子流放的地方。較著名的有：試圖推翻鎌倉幕府的順德上皇；教義不被鐮倉幕府認可的佛教日蓮宗、法華宗始祖日蓮上人；膽敢與室町幕府征夷大將軍足利義政吵架的能樂大師世阿彌。儘管他們身陷在這座一到冬天就天寒地凍、杳無人煙的島嶼，卻也為島嶼留下豐富的文化資產。

遅くとも一万年前には、佐渡島には人類が生存していたという記録があります。日本最古の史書『古事記』には、佐渡島が日本国誕生の際に生まれた八つの島の七番目であると記載されています。佐渡島は日本海に浮かぶ離島であるため、奈良時代（710-794）以降、朝廷の政争に敗れた者や政治犯の流刑の地とされてきました。著名な人物には、鎌倉幕府転覆を謀った順徳上皇、教義を鎌倉幕府に認められなかった日蓮宗、法華宗の開祖日蓮聖人、室町幕府征夷大将軍足利義政に歯向かった能楽の祖世阿弥等がいます。彼らは冬には凍りつくような寒さの、人煙稀な島に身を置くことになりますが、そのため、この島に豊富な文化的資産を残すことになります。

圖 2-1-6
試圖推翻鎌倉幕府，奪回天皇家族權力失敗的順德上皇，被流放到佐渡島，最後在島上駕崩，次年火葬。本圖是順德上皇的火葬塚。（林詔伶攝影 ・ 提供）

図 2-1-6
鎌倉幕府の転覆、天皇の権力復権の試みが失敗した順徳上皇は、佐渡島に流され、この地で崩御、翌年荼毘に付される。写真は順徳上皇の火葬塚。（林詔伶撮影・提供）

圖 2-1-7
佐渡島上的真野宮，是祭祀順德上皇的神社。（林詔伶攝影 ・ 提供）

図 2-1-7
佐渡島にある真野宮、順徳上皇を祀った神社。(林詔伶撮影・提供)

圖 2-1-8 日蓮上人因教義不被鎌倉幕府認可，而遭流放佐渡島。圖為歌川國芳描繪日蓮上人在佐渡島的浮世繪。

図 2-1-8 日蓮上人はその教義が鎌倉幕府に認められず、佐渡島に流される。図は佐渡島の日蓮上人の姿を描いた歌川国芳の浮世絵。

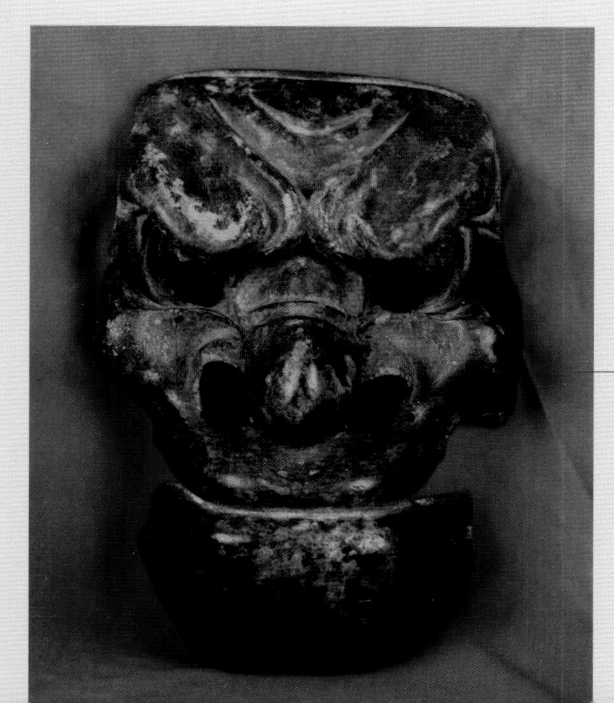

圖 2-1-9
據説為世阿彌祈雨跳能樂時戴的面具「神事面癋見」。（佐渡市正法寺典藏）

図 2-1-9
世阿弥が雨ごいのために能を舞った際にかぶっていたといわれる「神事面癋見（べしめ）」。（佐渡市正法寺所蔵）

17 世紀初，佐渡島發現金銀礦脈，大量尋寶之人聞風而至，島上瞬間熱鬧起來，最高峰時，佐渡島上曾聚集超過 10 萬人，是現在人口的兩倍。執政的德川幕府自然不會放過寶藏，直接指定佐渡銀山為直轄領地，設立佐渡奉行所，致力開採礦山，以作為幕府財政的支撐。

17 世紀初め、佐渡島で金銀の鉱脈が見つかり、多くの人が一攫千金を求めてこの島にやってきます。島は大いににぎわい、多い時では今の人口の 2 倍、10 万人が住んでいたといわれます。政権の座にあった徳川幕府も当然この宝蔵を見逃すはずはなく、佐渡銀山を直轄領地に指定、佐渡奉行所を設置して、鉱山採掘に力を入れ、貴重な政府の財源となります。

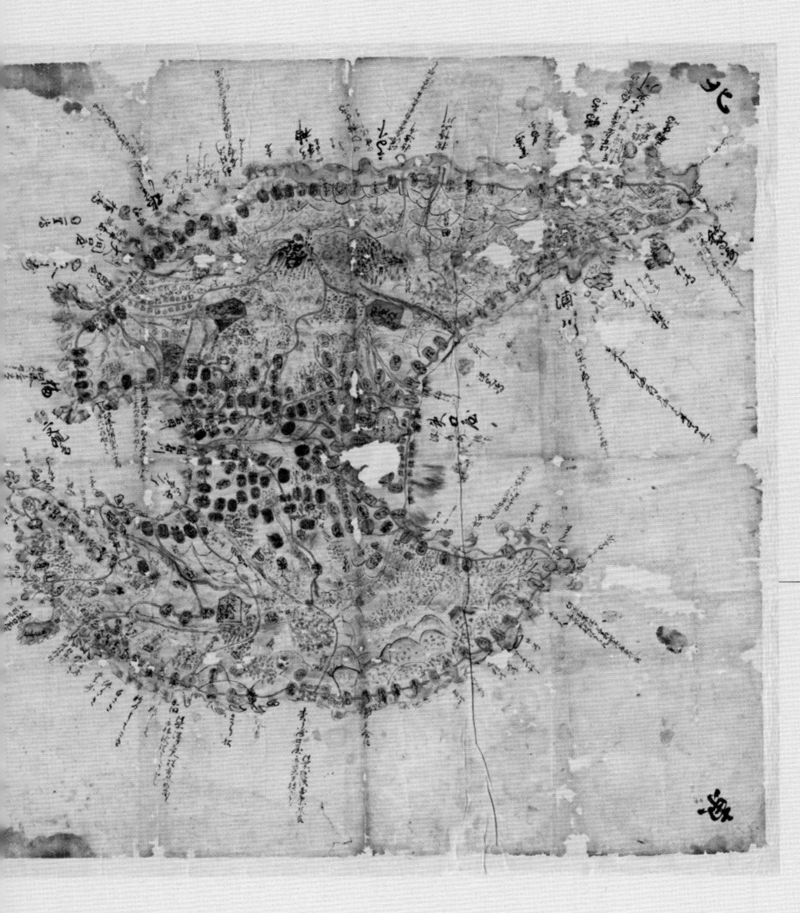

圖 2-1-10
江戶時代的佐渡島。
(両津鄉土博物館典藏)

図 2-1-10
江戸時代の佐渡島。
(両津郷土博物館所蔵)

圖 2-1-11
由於佐渡島發現礦山，江戶幕府特別將礦山所在列為直轄地，設立奉行所專責開礦及行政、司法事務，圖為改建後的佐渡奉行所現況。

図 2-1-11
佐渡島で鉱山が発見されたことから、江戸幕府は鉱山所在地を直轄地に指定、奉行所を開設し採掘、行政、司法事務に当たらせた。

圖 2-1-12
佐渡金山今貌。（《史蹟佐渡金山導覽手冊》）

図 2-1-12
現在の佐渡金山。（『史跡佐渡金山導覽手冊』）

19 世紀 60 年代後半葉，德川幕府「大政奉還」，天皇重新拿回至高無上的權力，並展開被稱為明治維新的西化運動。走過兩百多年黃金歲月的佐渡島，也迎來明治政府的「廢藩置縣」，有了新名字一佐渡縣。那是一個東方與西方碰撞、傳統與現代交錯的時代，在這樣的時代氛圍下，山本悌二郎在島上呱呱墜地。

19 世紀後半の 1860 年代、徳川幕府が「大政奉還」を実施、天皇は再び至上の権力を手に入れ、明治維新と呼ばれる西洋化運動が始まります。200 年の黄金時代を経た佐渡島は、明治政府の「廃藩置県」の際に佐渡県となります。東西がぶつかり、伝統と近代が交錯する時代の佐渡に、山本悌二郎は産声を上げます。

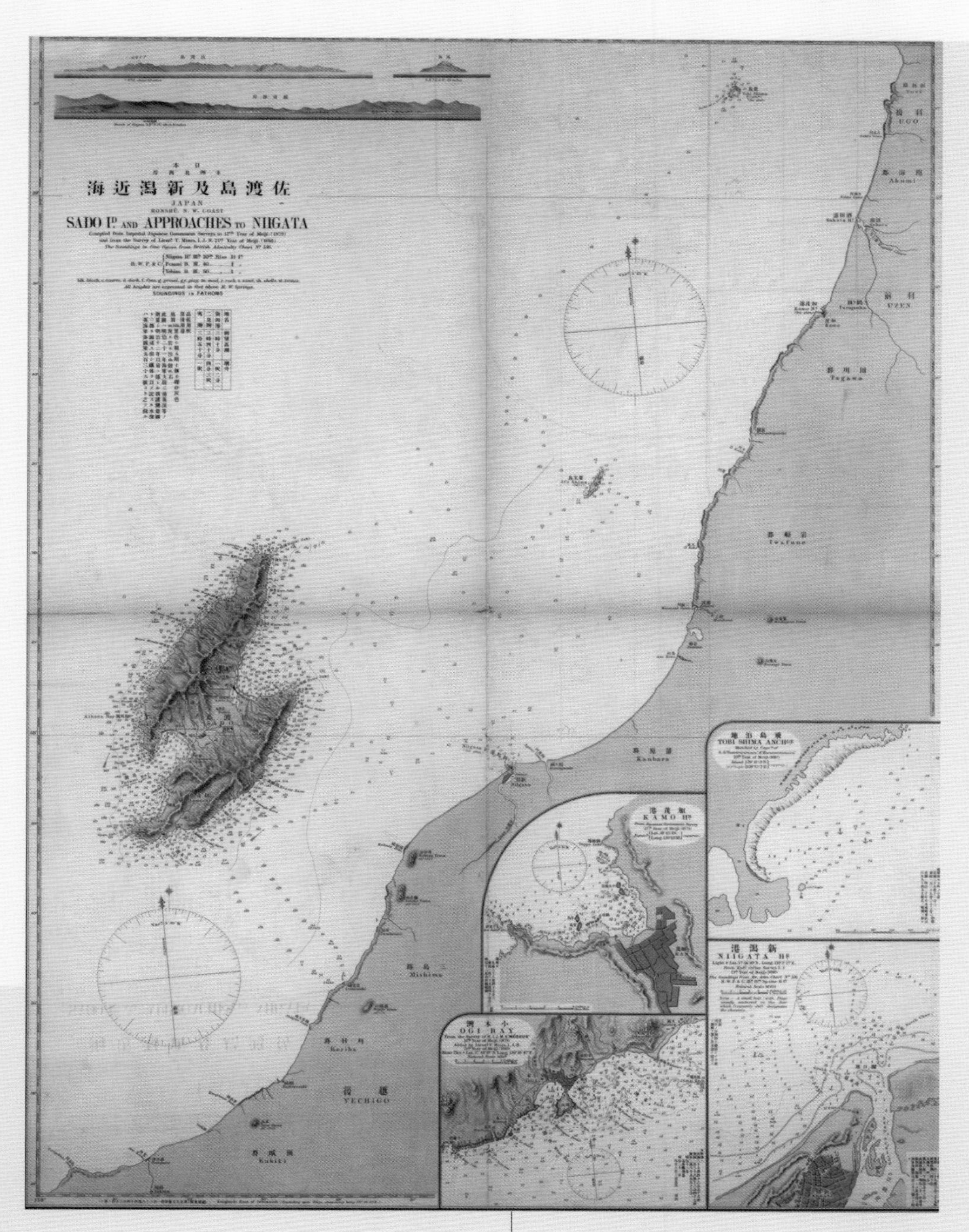

圖 2-1-13 19 世紀末期的佐渡島。（日本國立國會圖書館典藏）

図 2-1-13 19 世紀末の佐渡島。（日本国立国会図書館所蔵）

第二節　佐渡島上一少年

1870 年（明治 3）1 月 10 日，山本悌二郎誕生於佐渡島的真野新町。父親山本桂是 1 名漢方醫，也是 1 名漢學底子深厚的自由民權信仰者。1885 年（明治 18），當山本桂得知他的同鄉好友兼同屬自由民權信仰者有田真平亡於獄中，得年才 27 歲且沒有子嗣，立刻二話不說將剛出生 1 年的第七子八郎過繼給有田真平的未亡人，八郎因此改名有田八郎。這位山本悌二郎的七弟，後來三度擔任外務大臣，是日本近代史上著名的外交家。

第二節　佐渡島の少年

1870 年（明治 3）1 月 10 日、山本悌二郎は佐渡島の真野新町に生まれました。父の山本桂は漢方医で、漢学の素養の厚い自由民権信奉者でした。1885 年（明治 18）、桂は同郷の友人で同じく自由民権論者であった有田真平が獄中で死亡すると、生まれたばかりの八番目の子供八郎を有田の未亡人に養子として譲りました。八郎は有田八郎と姓をあらためますが、この弟は、後に三度外務大臣に就任する等、近代日本を代表する外交家となりました。

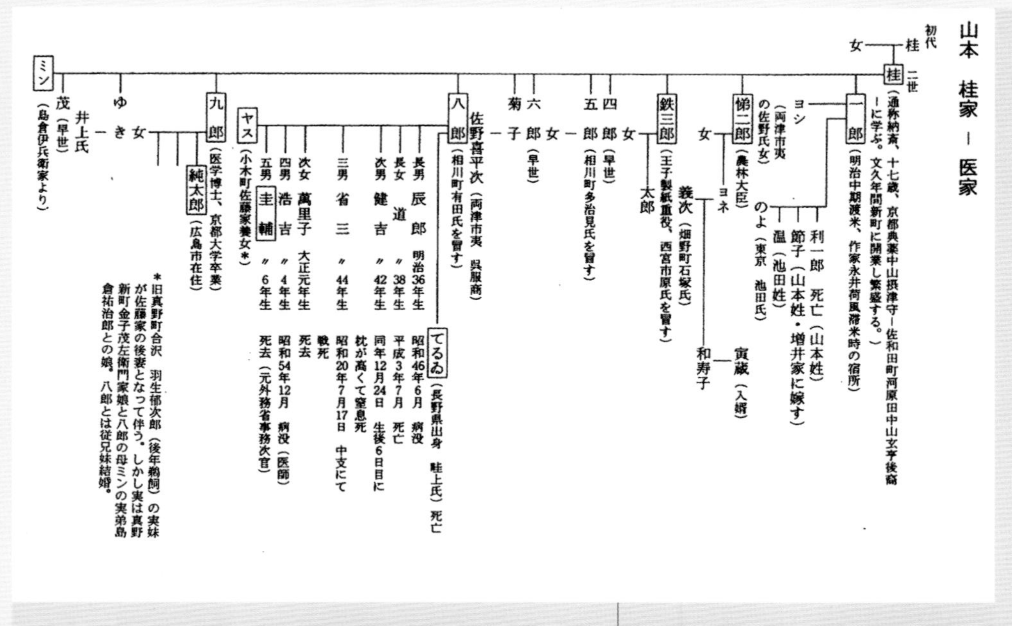

圖 2-2-1 山本家族譜系圖。
（引自《佐渡文獻》第 120 期）

図 2-2-1 山本家家系図。
（『佐渡文獻』第 120 期）

圖 2-2-2
有田八郎是山本悌二郎的七弟，曾三度擔任外務大臣。（《国と人物》）

図 2-2-2
山本悌二郎の七番目の弟である有田八郎は、外務大臣を三度務めた。（『国と人物』）

1880 年（明治 13），山本悌二郎入大儒學家圓山溟北的學古塾習漢學，在父親和老師耳濡目染下，也對漢學產生濃厚興趣，日後不僅漢學素養高，還熱衷收集中國書畫。1932 年（昭和 7），山本編寫出版 12 卷《澄懷堂書畫目錄》，收錄其收藏的 1,176 件藏品，目前多數還收藏在三重縣澄懷堂美術館。

圖 2-2-3　山本悌二郎漢學啟蒙自佐渡儒學大師圓山北溟，擁有深厚的漢學修養。圖為山本悌二郎揮毫的照片。（本館典藏）

図 2-2-3　佐渡の大儒学者円山溟北から学んだ山本は、漢学にも造詣が深かった。写真は山本の揮毫によるもの。（当館所蔵）

1880 年（明治 13）、山本は大儒学者円山溟北の学古塾で漢学を学びます。父と師の薫陶により漢学に関心を抱き、漢学の素養を高めただけでなく、中国書画の収集にも熱中しました。1932 年（昭和 7）、山本編纂の『澄懐堂書画目録』全 12 巻には、その収蔵品 1176 点が掲載されています。現在その多くは三重県澄懐堂美術館に所蔵されています。

圖 2-2-4　位於三重縣的澄懷堂美術館，典藏許多山本悌二郎生藏的中國書畫。（澄懷堂美術館官方網站）

図 2-2-4　三重県にある澄懐堂美術館。山本悌二郎が生前集めた中国書画の多くが所蔵されている。（澄懐堂美術館の公式サイト）

圖 2-2-5　1932 年山本悌二郎將其收藏的 1 千多件中國書畫編成 12 卷《澄懷堂書畫目錄》。（日本國立國會圖書館典藏）

図 2-2-5　1932 年山本悌二郎は 1000 点余りの中国書画コレクションを『澄懐堂書画目録』全 12 巻にまとめた。（日本国立国会図書館所蔵）

第三節　負笈往農學之路

1882 年（明治 15），山本悌二郎在同鄉前輩政治家鵜飼郁次郎帶領下，前往東京，入今二松學舍大學前身二松學舍，繼續修習漢學、東洋學。畢業前一年，轉入獨逸學協會學校（今獨協中學校．高等學校），學習德語與德國文化。該校是由獨逸學協會成立，協會以攝取移入德國文化為宗旨，由留德過的北白川宮能久親王任總裁。能久親王在臺灣割讓時曾率近衛師團接收臺灣，並在臺南去世。發起人有曾任臺灣第二任總督的桂太郎，以及品川彌次郎、井上毅、青木周藏、平田東助、伊藤博文等政治、外交界名人。山本轉學獨逸學協會學校，是日後留學德國走向農學之路的轉捩點。

第三節　農学の道に進む

1882年（明治15）、山本悌二郎は同郷の先輩政治家鵜飼郁次郎の導きで東京に向かい、二松学舎大学の前身である二松学舎に入学、漢学、東洋学を学びます。卒業の一年前には独逸学協会学校に転学（現在の独協中学、高校）、ドイツ語やドイツ文化を学びます。この学校は独逸学協会の設立によるもので、ドイツ文化の吸収を趣旨として、北白川宮能久親王が総裁を務めていました。能久親王は台湾割譲の際近衛師団を率いて台湾接収を指揮しますが、台南で死去します。発起人には第二代台湾総督桂太郎や、品川弥次郎、井上毅、青木周蔵、平田東助、伊藤博文他、政治、外交の著名人が名を連ねています。独逸学協会学校への転学は、ドイツに留学して農学を学ぶことになる山本の転換点となりました。

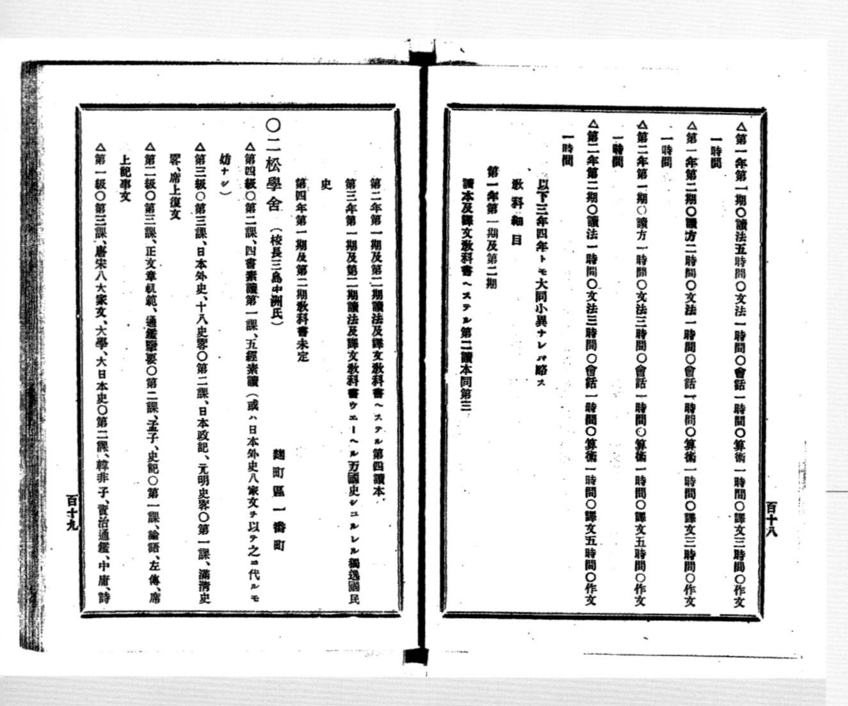

△第一年第一期○讀法五時間○文法一時間○會話一時間○算術一時間○譯文三時間○作文一時間
△第一年第二期○讀方二時間○文法一時間○會話一時間○算術一時間○譯文三時間○作文一時間
△第二年第一期○讀方一時間○文法三時間○會話一時間○算術一時間○譯文五時間○作文一時間
△第二年第二期○讀法一時間○文法三時間○會話一時間○算術一時間○譯文五時間○作文一時間
以下三年四年トモ大同小異ナレバ略ス
教科細目
第一年第一期及第二期
讀本及譯文教科書ヘステル第二讀本同第三
第二年第一期及第二期讀法及譯文教科書ヘステル第四讀本
第三年第一期及第二期讀法及譯文教科書ウエーヘル万國史シユルレル獨逸國民史
第四年第一期及第二期教科書未定

百十八

○二松學舍（校長三島中洲氏） 麹町區一番町
△第四級○第二課、四書素讀第一課、五經素讀（或ハ日本外史八家文ヲ以テ之ニ代ルモ妨ナシ）
△第三級○第三課、日本外史、十八史畧○第二課、日本政記、元明史畧○第一課、滿清史畧、席上復文
△第二級○第三課、正文章軌範、通鑑擥要○第二課、孟子、史記○第一課、論語、左傳、席上記事文
△第一級○第三課、唐宋八大家文、大學、大日本史○第二課、韓非子、資治通鑑、中庸、詩

百十九

圖 2-3-1
二松學舍是 19 世紀設立以修習漢學和東洋學為重點的學校。（《東京諸学校規則集》）

図 2-3-1
二松学舎は 19 世紀の設立以来、漢学、東洋学に重きを置いてきた。（『東京諸学校規則集』）

圖 2-3-2
明治時期的獨逸學協會學校。（獨協大學官方網站）

図 2-3-2
明治期の独逸学協会学校。（独協大学の公式サイト）

1886 年（明治 19），山本悌二郎獲得宮內省獎學金，以日本駐德公使品川彌次郎隨員身分赴德國留學。1888 年（明治 21）以前三名成績畢業於包岑（Bautzen）農業學校；1890 年（明治 23）入斯圖加特的霍恩海姆大學就讀（Universität Hohenheim）；兩年後畢業，旋又入萊比錫大學（Universität Leipzig）研究科深造，1893 年（明治 26），取得農學博士學位，再以宮內省留學生身份赴英國進行農業考察 1 年。

1886 年（明治 19）、山本は宮内省給費生となり、日本駐独公使品川弥次郎の随員としてドイツに留学します。1888 年（明治 21）にはトップ 3 の成績でバウツェン（Bautzen）農業学校を卒業、1890 年（明治 23）にシュトゥットガルトのホーエンハイム大学（Universität Hohenheim）に入学、二年後に卒業すると、ライプツィヒ大学（Universität Leipzig）の研究科で研究を続け、1893 年（明治 26）に農学博士の学位を取得、さらに宮内省給費生としてイギリスで 1 年間農業視察を行います。

圖 2-3-3
1882 年，山本悌二郎以日本駐德公使品川彌次郎隨員身分赴德國留學。（《幕末・明治・大正回顧八十年史》）

図 2-3-3
1882 年、山本悌二郎は日本の駐独公使品川弥次郎の随員としてドイツに留学する。（『幕末・明治・大正回顧八十年史』）

圖 2-3-4 山本悌二郎所就讀位於德國斯圖加特的霍恩海姆大學，是一個以農學研究為主的大學。（霍恩海姆大學官方網站）

図 2-3-4 山本が学んだシュトゥットガルトのホーエンハイム大学は、農学研究が中心の大学。（ホーエンハイム大学の公式サイト）

圖 2-3-5
19 世紀的萊比錫大學，山本悌二郎在這裡取得博士學位。（萊比錫大學官方網站）

図 2-3-5
19 世紀のライプツィヒ大学、悌二郎はここで博士の学位を取得した。（ライプツィヒ大学の公式サイト）

圖 2-3-6
山本悌二郎（前排左 1）留學德國時期合照。（國立臺灣大學圖書館典藏）

図 2-3-6
山本のドイツ留学時代の記念写真。（前列一番左、国立台湾大学図書館所蔵）

1894年（明治27），山本悌二郎從歐洲返回日本，被宮內省任命為囑託。次年（1895年），辭囑託，應聘擔任第二高等學校（今仙台東北大學）教授。執教期間，臺灣第4任總督兒玉源太郎長子兒玉秀雄為其學生。兒玉秀雄曾任拓務、遞信、內務、文部等大臣，在拓相任內通過臺灣可以投票選出一半名額的地方選舉，1936年（昭和11）出任臺灣三大國策會社之一的臺灣拓殖株式會社設立委員會委員長，因父親曾任臺灣總督，而將臺灣視為第二故鄉，與臺灣關係密切。1897年（明治30），山本悌二郎辭教職，轉入日本勸業銀行任貸付部鑑定課長。此時的山本，或許不會想到幾年後1處不曾去過的帝國新殖民地，將等著他去貢獻青春歲月。

1894年（明治27）、山本は欧州から日本に帰国、宮内省嘱託となります。翌年（1895）嘱託を辞し、第二高等学校（今の東北大学）の教授に就任します。第4代台湾総督児玉源太郎の長男秀雄は山本の学生の一人となります。児玉秀雄は、拓務、逓信、内務、文部大臣等を歴任、拓務大臣時代には台湾島内の定員半数を選挙で選ぶ地方選挙を実現させました。1936年（昭和11）には台湾三大国策会社の一つ台湾拓殖株式会社の設立委員会委員長となります。父が台湾総督であったことから、台湾を第二の故郷とみなし、台湾と深い関係のある人物です。1897年（明治30）、山本は教職を辞し、勧業銀行貸付部の鑑定課長に転職します。この時は、数年後にまだ見ぬ帝国の新植民地で、新たな生活を送ることになるとは想像もしていなかったかもしれません。

圖 2-3-7
山本悌二郎自德國留學返日後，曾在今仙台東北大學前身第二高等學校任教。（仙台東北大學官方網站）

図 2-3-7
山本悌二郎はドイツから帰国後、東北大学の前身第二高等学校で教鞭をとった。（東北大学の公式サイト）

圖 2-3-8
山本悌二郎來臺灣前，曾在勸業銀行任職。（《東京風景》）

図 2-3-8
山本悌二郎は来台前、勧業銀行に勤めていた。（『東京風景』）

第三章 糖業的奇幻旅程

第一節　飄洋過海到臺灣

糖業是臺灣長期歷久不衰的產業，從 17 世紀荷治時期蔗糖便是臺灣重要的出口商品。18 世紀工業革命後，機械化的浪潮逐漸隨著 19 世紀歐美列強對外殖民而擴散，然而，直到 19 世紀末，臺灣傳統糖業還處於使用人力、獸力的落後製糖方式。

糖業の不思議な旅

第一節　海を渡って台湾へ

台湾における糖業は長い歴史を持つ産業で、17 世紀のオランダ時代から甘蔗糖は重要な輸出品でした。18 世紀の工業革命以降、19 世紀欧米列強の対外植民政策と共に機械化の波が拡大します。ただ、19 世紀末に至るまで、台湾では伝統的な人力、家畜に頼った製糖方式が用いられていました。

圖 3-1-1 臺灣傳統製糖場所稱為「糖廍」，主要是以人力與獸力為動力。本圖是舊式糖廍外觀，茅屋是搾汁室，以牛拉磨搾取蔗汁。再將蔗汁送至旁邊的煮糖室，以人力煮蔗汁結晶成赤糖。（《臺灣製糖株式會社史》）（會社史）

図 3-1-1 台湾の伝統的製糖所は「糖廍」と呼ばれ、人力、家畜をその主な動力としていた。上図は旧式糖廍の外観。茅屋は搾汁室、牛のひく石臼で甘蔗汁を搾った。その汁を隣の煮糖室に移し、人力によって赤糖を煮だした。（『台灣製糖株式會社史』）

日本在明治維新後，國民砂糖的消費量直線上升，每年需花費大量國幣進口砂糖。1895年（明治28）日本統治臺灣後，等於也取得1處重要的糖產地，有鑑於臺灣製糖業生產方式落後，為提升臺灣砂糖的產量與品質，臺灣第4任總督兒玉源太郎上任後，與其民政長官後藤新平即亟思引進資本投資發展臺灣新式製糖業。在給予利息補助和行政協助誘因下，總督府成功說服以三井財團為首的日本資本在臺灣投資成立新式製糖會社。1900年（明治33）12月10日，臺灣製糖株式會社（簡稱臺灣製糖）在日本東京銀行集會所成立，開創臺灣新式製糖業的新紀元。

明治維新以降の日本では、国民の砂糖消費量が急増、毎年巨額を投じて砂糖を輸入していました。1895年（明治28）台湾を領有したことは、貴重な砂糖産地を獲得したことでもありました。台湾の製糖業が旧態依然のものであったため、第4代総督児玉源太郎が就任すると、民政長官後藤新平と共に、生産量、品質の向上を目指して、資本の投資によって台湾で新式製糖業を発展させようと考えます。利息補助と行政的な誘因によって、総督府は三井財団を主とする日本資本を誘致、台湾で新式の製糖会社を設立することに成功します。1900年（明治33）12月10日、台湾製糖株式会社（略称台湾製糖）が日本東京銀行集会所で設立、台湾製糖業は新たな時代を迎えることになります。

圖 3-1-2 兒玉源太郎（(右)）上任總督後，與民政長官後藤新平（(左)）開始致力發展新式製糖業。（《臺灣製糖株式會社史》）

図 3-1-2 児玉源太郎（右）は総督就任後、民政長官後藤新平（左）と新式製糖業の発展に努めた。（『台湾製糖株式会社史』）

圖 3-1-3 1900 年 12 月臺灣第一家新式製糖會社臺灣製糖株式會社在東京銀行集會所成立。圖為 1930 年代的東京銀行集會所。（《東京銀行集会所一覧》）

図 3-1-3 1900 年 12 月、台湾初の新式製糖会社台湾製糖株式会社が、東京銀行集会所で設立される。写真は 1930 年代の東京銀行集会所。（『東京銀行集会所一覧』）

正當臺灣製糖設立計畫還在醞釀階段，山本悌二郎先於 1900 年（明治 33）4 月辭去勸業銀行課長工作，接著在益田孝、鈴木藤三郎兩位臺灣製糖發起人引介下，以創立事務員名義加入臺灣製糖創社計畫。兩位引介人都是日本產業界赫赫有名的人物，益田孝是山本故鄉佐渡的同鄉前輩，曾擔任三井物產會社社長，以三井物產專務董事身分列名臺灣製糖發起人；鈴木藤三郎有「日本製糖業之父」稱號，以日本精製糖株式會社專務董事身分列名臺灣製糖發起人，並成為創社社長。目前豎立於橋頭糖廠的聖觀音像，是 1902 年（明治 35）鈴木藤三郎在日本製作後送到橋頭糖廠。

台湾製糖の設立準備が進められていた 1900 年（明治 33）、山本悌二郎は勧業銀行課長の職を辞します。そして台湾製糖発起人である益田孝、鈴木藤三郎二人の紹介によって、創設事務員の名義で台湾製糖設立計画に加わります。益田は同郷佐渡の先輩で、三井物産会社の社長を務めたことのある人物で、三井物産専務取締役の肩書で設立発起人に名を連ねていました。鈴木藤三郎は、「日本製糖業の父」と称される人物で、日本製糖株式会社専務取締役の肩書で発起人に加わり、後に台湾製糖初代社長に就任します。現在橋頭糖廠にある聖観音像は 1902 年（明治 35）に鈴木が日本で作成、橋頭糖廠に設置させたものです。

圖 3-1-4
益田孝出身佐渡，是山本悌二郎同鄉前輩，也是山本入臺灣製糖的引介人之一。（《臺灣製糖株式會社史》）

図 3-1-4
益田孝は佐渡出身、同郷の先輩で、山本を台湾製糖に導いた人物の一人。（『台湾製糖株式会社史』）

圖 3-1-5
有「日本製糖業之父」稱號的鈴木藤三郎，是山本悌二郎入臺灣製糖的引介人。（《臺灣製糖株式會社史》）

図 3-1-5
「日本製糖業の父」と称される鈴木藤三郎も、山本を台湾製糖に紹介した。（『台湾製糖株式会社史』）

圖 3-1-6 橋頭糖廠的聖觀音像，是 1902 年鈴木藤三郎特別在日本製作後送到橋頭糖廠的文物。（國立臺灣歷史博物館提供）

図 3-1-6 橋頭糖廠の聖観音像は、1902 年に鈴木藤三郎が特別に日本で制作させたもの。（国立台湾歴史博物館提供）

1900年（明治33）10月，山本悌二郎正式接到臺灣製糖創立事務員聘書，隨即與鈴木藤三郎前往臺灣探勘新糖廠用地。原本總督府建議設廠地點是臺南蔴荳，鈴木、山本兩人看完蔴荳用地後，又馬不停蹄往南踏查打狗、鳳山、萬丹、東港、枋寮等地；再折往北勘查阿緱（今屏東）、阿里港、旗尾（今旗山）、曾文街（今善化）、布袋嘴、鹽水港、新營等地。經1個多月的探勘，糖廠候選地縮小到曾文街和橋仔頭兩地，最終橋仔頭因交通和用水優勢而雀屏中選。

1900年（明治33）10月、山本悌二郎は台湾製糖創立事務員の任命書を正式に受諾、すぐ鈴木藤三郎と台湾に向かい、新製糖工場の用地選定に取り掛かります。総督府が提案したのは台南蔴荳でしたが、鈴木、山本の二人は蔴荳の用地を見学後さらに南下、打狗、鳳山、万丹、東港、枋寮等を視察、また阿緱（今の屏東）、阿里港、旗尾（今の旗山）、曽文街（今の善化）、布袋嘴、塩水港、新営と北上しながら各地を視察しました。一ヶ月余りの視察の後、候補は曽文街と橋仔頭（後の橋頭）に絞られ、最後は交通と用水の便から、橋仔頭が選ばれました。

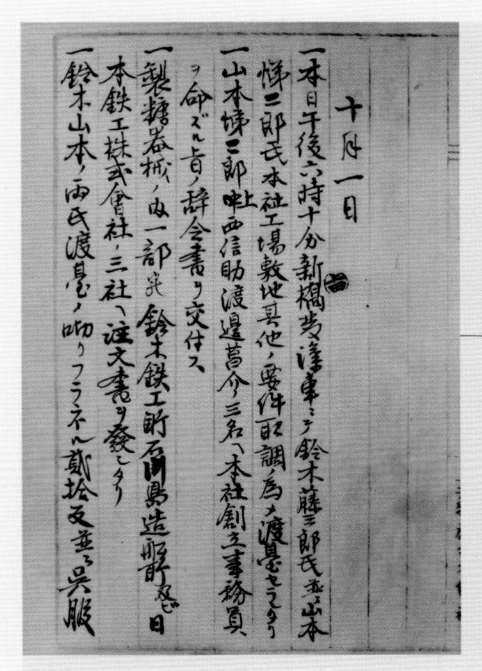

十月一日

一本日午後六時十分新橋発汽車ニテ鈴木藤三郎氏並ニ山本悌二郎氏本社工場敷地其他ノ要件取調ノ為メ渡臺セラレタリ

一山本悌二郎[illegible]西信助渡邊萬介三名ハ本社創立事務員ヲ命ズル旨ノ辞令書ヲ交付ス

一製糖器械ノ内一部ヲ鈴木鉄工所石川島造船所及ビ日本鉄工株式會社ノ三社ヘ注文書ヲ發セラレタリ

一鈴木山本ノ両氏渡臺[illegible]フラネル貳拾反並ニ呉服

圖 3-1-7
1900 年 10 月 1 日臺灣製糖工作日誌記載：該日山本悌二郎獲聘為創立事務員，同日即與鈴木藤三郎啟程來臺探勘設廠用地。（《臺灣製糖株式會社史》）

図 3-1-7
1900 年 10 月 1 日台湾製糖の作業日記の記載によれば、この日山本悌二郎が創立事務員に採用され、同日鈴木とともに台湾への視察旅行に出発したことが記されている。（『台湾製糖株式会社史』）

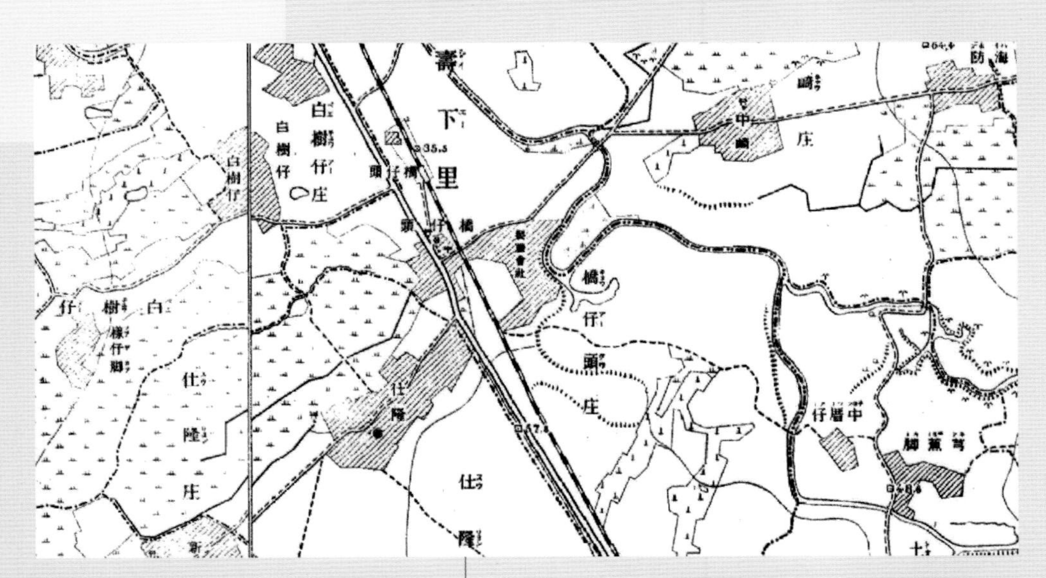

圖 3-1-8　橋仔頭有縱貫鐵路南部線通往打狗港，又臨典寶溪，具有交通與取水之便而成為新糖廠用地。（臺灣百年歷史地圖）

図 3-1-8　橋仔頭は縦貫鉄道南部線打狗港に通じ、また近くに典宝渓が流れているため、交通、取水の便に勝れているため、新製糖工場の要地として選ばれた。（台湾百年歴史地図）

第二節　橋仔頭艱辛歲月

結束探勘行程後，鈴木藤三郎返回日本參加臺灣製糖創立總會，山本悌二郎則留在臺灣籌劃新糖廠興建事宜。1901 年（明治 34）2 月 2 日，山本被任命為支配人（經理）；15 日，糖廠動工，山本以支配人身分在現場指揮大局。同年 11 月糖廠完工，1902 年（明治 35）1 月 15 日運作，臺灣第 1 間新式糖廠誕生，臺灣正式進入新式製糖業時代。

第二節　橋仔頭の苦難の歳月

視察を終えると、鈴木は台湾製糖設立総会のために帰日しますが、山本は台湾に残り新式工場建設の準備を進めます。1901 年（明治 34）2 月 2 日、山本は工場支配人に任命され、15 日に工事が開始、山本は支配人として現場で総指揮をとります。同年 11 月に竣工、1902 年（明治 35）1 月 15 日から稼働を開始、ここに台湾初の新式製糖工場が誕生、台湾は新式製糖業の時代を迎えるのです。

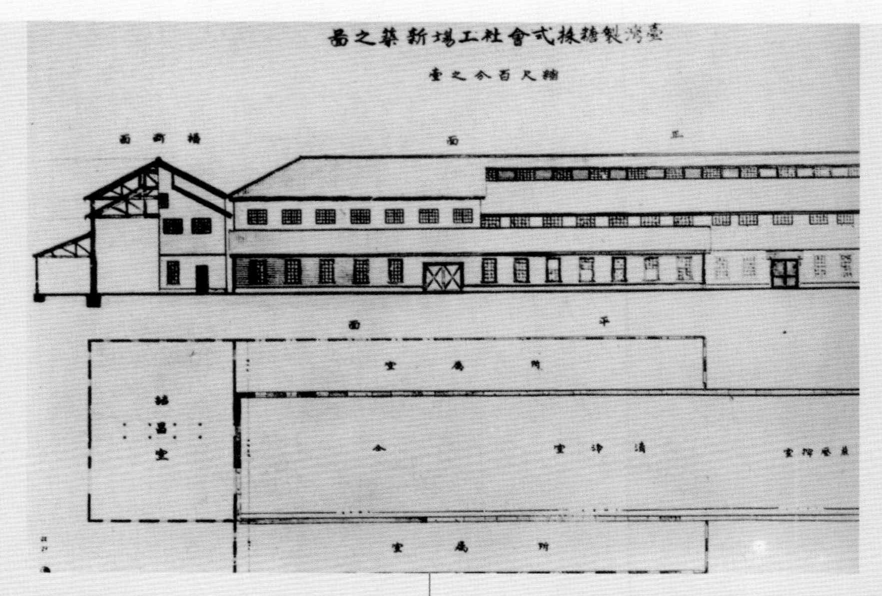

圖 3-2-1　橋仔頭製糖所創建設計圖。（《臺灣製糖株式會社史》）

図 3-2-1　橋仔頭製糖所建設設計図。（『台湾製糖株式会社史』）

圖 3-2-2　興建中的橋頭糖廠。站立在最前方著西裝的是山本悌二郎。（《臺灣製糖株式會社創立十五週年寫真》）

図 3-2-2　建設中の橋頭糖廠。一番前に立っているスーツ姿が山本悌二郎。（『台湾製糖株式会社創立十五周年写真』）

圖 3-2-3 甫完工的橋仔頭製糖所。（《臺灣製糖株式會社創立十五週年寫真》）

図 3-2-3 完成直後の橋仔頭製糖所。（『台湾製糖株式会社創立十五周年写真』）

糖廠興建及完工初期，許多日籍職工紛紛感染瘧疾、霍亂，加上機械時常故障，工程異常艱辛，尤其最大挑戰來自抗日者襲擊。當時抗日者會混跡在工人中伺機偷襲，讓糖廠防不勝防，會社事務所、工廠、宿舍都得設置防禦設施，並自組壯丁團，由總督府提供槍枝、派遣軍官協助訓練。山本悌二郎還協調兒玉源太郎總督派出 70 名士兵，駐守糖廠防衛。

製糖工場建設、竣工の初期には、マラリア、コロナに感染する日本人作業員が多く、また機械の故障も頻繁に起こり、工事は困難を極めましたが、とりわけ抗日分子の襲撃が最大の悩みでした。抗日分子は作業員に紛れて襲撃してくるため、会社側もお手上げ状態で、事務所、工場、宿舎に防御施設を備える必要があり、また壮丁団を組織、総督府からは銃が提供され、また軍人による訓練も行われました。山本は児玉源太郎に頼み、兵士 70 名を工場防衛に当たらせました。

圖 3-2-4 創立初期的橋仔頭製糖所社宅事務所，如同堡壘般牆壁上可見多處銃眼設計。(《臺灣製糖株式會社史》)

図 3-2-4 設立当初の橋仔頭製糖所社宅事務所。砦のように、射撃用の穴が多く空いている。（『台湾製糖株式会社史』）

圖 3-2-5 創立初期糖廠前廣場是員工為防範抗日者攻擊而練兵的地方，也是守備隊駐紮之地。（《臺灣製糖株式會社史》）

図 3-2-5 設立当初の工場前広場では、抗日分子から身を護るための訓練が行われた。また守備兵の駐屯地でもあった。（『台湾製糖株式会社史』）

圖 3-2-6 橋仔頭製糖所興築期間還建有外牆，以防範抗日者突襲。（《臺灣製糖株式會社創立十五週年寫真》）

図 3-2-6 橋仔頭製糖所の建設中には、外壁が作られ、抗日分子の襲撃に備えた。（『台湾製糖株式会社創立十五週年写真』）

糖廠完工運作的第一個製糖期，又遇上周邊蔗農不願提供原料甘蔗的窘境，當時原料採取制度尚未實施，糖廠需花很大的心力去與蔗農溝通。經此教訓，促成臺灣製糖未來盡量發展自營農場自行生產原料甘蔗的方針。

工場竣工後最初の製糖期には、周辺の蔗農が原料である甘蔗の提供を拒むという困難にぶつかります。当時は原料採取制度実施前であったため、工場側は蔗農の説得に腐心します。その時の経験から、台湾製糖ではその後自家製農場を経営、できるだけ自前で原料を調達する方針を採りました。

圖 3-2-7 1905 年初闢的橋仔頭農場。（《臺灣製糖株式會社創立十五週年寫真》

図 3-2-7 1905 年初頭の橋仔頭農場。（『台湾製糖株式会社創立十五週年写真』）

圖 3-2-8 1906 年總督兒玉源太郎巡視橋仔頭製糖所。（《兒玉總督凱旋歡迎紀念寫真帖》，國立臺灣歷史博物館提供）

図 3-2-8 1906 年総督児玉源太郎が橋仔頭製糖所を視察。（『児玉総督凱旋歓迎記念写真帖』，国立台湾歴史博物館提供）

明治 38 年（1905）6 月，山本悌二郎率日比孝一、草鹿砥祐吉、鈴木源吉等 3 位技師前往夏威夷考察。7 月返國後，借用夏威夷經驗，於明治 40 年（1907）引進機關車在橋仔頭製糖所運送甘蔗原料與砂糖製品的鐵道上，再開臺灣糖業鐵路發展先河。

明治 38 年（1905）6 月、山本は日比孝一、草鹿砥祐吉、鈴木源吉三名の技師とともにハワイを視察します。7 月に帰国すると、視察経験をもとに、1907 年（明治 40）に甘蔗や砂糖製品運搬のための機関車用線路を敷設、これが台湾糖業鉄道の端緒となります。

圖 3-2-9 山本悌二郎取法夏威夷經驗，引進機關車運載甘蔗與製品，開糖業鐵路先河。圖為 1907 年機關車試車的情形。（《臺灣製糖株式會社創立十五週年寫真》）

図 3-2-9 山本はハワイのやり方をまねて、甘蔗、製品運搬用の機関車を導入、糖業用鉄道の端緒を開く。写真は 1907 年の機関車試運転の模様。（『台湾製糖株式会社創立十五週年写真』）

圖 3-2-10 1907 年官線鐵路闢建下淡水溪（今高屏溪）對岸的九曲堂，打算在屏東平原興建糖廠的臺灣製糖，為連結糖廠至官線鐵路，山本悌二郎毅然決定自力救濟興建跨越下淡水溪到九曲堂的糖鐵。圖為臺灣製糖自行興建的下淡水溪木橋，是第一座跨越下淡水溪的橋樑。（《臺灣製糖株式會社史》）

図 3-2-10 1907 年官営鉄道が下淡水渓（今の高屏渓）対岸の九曲堂まで延伸、屏東平原に製糖工場を建設しようと考えた台湾製糖と山本は、製糖工場と官営鉄道を繋げるために、自力で下淡水渓と九曲堂を結ぶ鉄道の建設を決める。写真は、台湾製糖が建設した下淡水渓の木橋、下淡水渓にかかる最初の橋梁。（『台湾製糖株式会社史』）

第三節　製糖龍頭掌舵手

山本悌二郎從 1900 年（明治 33）擔任創立事務員做起，到 1927 年（昭和 2）因入閣而辭去社長職，是各大製糖會社中，唯一從基層當到會長、社長者。在山本掌舵下，臺灣製糖無論是資本額或是經營的新式糖廠數量，都在臺灣製糖業名列前茅；1910 年（明治 43），臺灣各大製糖會社共同組成臺灣糖業聯合會，山本悌二郎以常務取締役身分擔任首任會長，臺灣製糖作為日治前期臺灣製糖業龍頭地位更加確立。山本任職臺灣製糖期間，臺灣製糖擴張情況，請見下表：

表　山本悌二郎任臺灣製糖期間與會社擴張

任期	職稱	臺灣製糖擴張	照片
1900 ｜ 1901	創立事務員	●探勘新糖廠用地	
1901 ｜ 1904	支配人 （經理） 	●橋仔頭第一工場 (1901) →臺灣第一個新式糖廠	
1904 ｜ 1905	取締役 （董事）		

第三節　製糖業の旗手

山本は1900年（明治33）に創立事務員に就任して以来、1927年（昭和2）に内閣入閣のため社長を辞職するまで台湾製糖に所属、一般職員から会長、社長まで経験したのは各製糖会社の中でも山本だけです。山本の指揮下で、台湾製糖は資本額、新式工場の数、ともに台湾製糖業トップクラスの地位にありました。1910年（明治43）、台湾各製糖会社が台湾糖業連合会を組織した際にも、山本は台湾製糖常務取締役として初代会長に就任、日本統治初期台湾製糖界トップの地位を確立しました。山本在職中の台湾製糖の会社拡大の経緯は下表の通りです。

表　山本悌二郎台湾製糖在職期間の会社拡張

任期	職名	台湾製糖拡張	写真
1900 ｜ 1901	創立事務員	●新工場用地視察	
1901 ｜ 1904	支配人 	●橋仔頭第一工場（1901） →台湾初の新式製糖工場	
1904 ｜ 1905	取締役		

任期	職稱	臺灣製糖擴張	照片
1905 | 1912	常務取締役 （常務董事）	●引進糖鐵機關車 (1907) →臺灣第一個機關車糖鐵	
		●橋仔頭第二工場 (1907)	
		●橋仔頭酒精工場 (1908) →臺灣第一個酒精工場	
		●阿緱製糖所 （屏東糖廠，1908)	
		●後壁林製糖所 （小港糖廠，1909)	
		●合併台南製糖，取得灣裡製糖所（善化糖廠，1909)	

任期	職名	台湾製糖拡張	写真
1905 ｜ 1912	常務取締役	●運搬用機関車導入（1907） →台湾初の糖業用機関車	
		●橋仔頭第二工場（1907）	
		●橋仔頭アルコール工場（1908） →台湾初のアルコール工場	
		●阿緱製糖所（屏東糖廠、1908）	
		●後壁林製糖所（小港糖廠、1909）	
		●台南製糖を合併、湾裡製糖所を取得（善化糖廠、1909）	

任期	職稱	臺灣製糖擴張	照片
1905 | 1912		●車路墘製糖所（仁德糖廠，1910)	
	兼任臺灣糖業聯合會會長(1910-1927)	●阿緱酒精工場 (1911)	
		●併購怡記製糖，取得鳳山、三崁店（永康糖廠）兩製糖所 (1912)	 
		●本社從橋仔頭遷到哨船頭 (1912)	

任期	職名	台湾製糖拡張	写真
1905 ｜ 1912		●車路墘製糖所（仁徳糖廠、1909）	
	台湾糖業聯合会会長を兼任（1910-1927）	●阿緱アルコール工場（1911）	
		●怡記製糖を買収、鳳山、三崁店（永康糖廠）の両製糖所を取得（1912）	 
		●本社を橋仔頭から哨船頭に移転（1912）	

任期	職稱	臺灣製糖擴張	照片
1912 | 1921	專務取締役 （專務董事） 	●併埔里社製糖，得埔里社製糖所（埔里糖廠，1913)	
		●本社從哨船頭遷到哈瑪星 (1913)	
		●合併臺北製糖，取得臺北製糖所（臺北糖廠，1916)	
		●打狗鑄造場 (1917)	
		●本社從高雄哈瑪星遷屏東 (1920)	
		●東港製糖所(南州糖廠，1921)	
		●九州製糖所 (1921)	

任期	職名	台湾製糖拡張	写真
1912 ｜ 1921	専務取締役 	●埔里社製糖を買収、埔里社製糖所を取得（埔里糖廠、1913）	
		●本社を哨船頭から哈瑪星に移転（1913）	
		●台北製糖を買収、台北製糖所を取得（台北糖廠、1916）	
		●打狗鋳造場（1917）	
		●本社を高雄哈瑪星から屏東に移転（1920）	
		●東港製糖所（南州糖廠、1921）	
		●九州製糖所（1921）	

任期	職稱	臺灣製糖擴張	照片
1921 | 1925	會長兼專務	●萬隆農場與二峰圳 (1922)	
1925 | 1927	社長	●大响營農場 ●任農林大臣，退社	

資料來源：作者整理

山本悌二郎在擔任會長兼專務期間，最感到自豪的成就是促成 1923 年（大正 12）裕仁皇太子臺灣行啟時，把臺灣製糖本社阿緱製糖所列入唯一的糖業參訪行程。為迎接皇太子，臺灣製糖特別訂購竹山的麻竹材搭建休憩涼亭，在皇太子蒞臨前幾天，竹柱奇蹟似長出青芽。4 月 22 日，皇太子到訪糖廠，在涼亭時，皇太子注意到發芽的竹柱，山本悌二郎趁機說明竹柱來歷和發芽過程，皇太子聽聞後不斷觸摸端詳竹柱。臺灣製糖乃將發芽竹柱培植，竟長成茂密竹林，因認為是皇太子的「祥瑞之兆」，故稱「瑞竹」，並在瑞竹前立碑，由山本悌二郎親自撰寫碑文，並建立紀念館。自此，上自王公貴族，下至庶民百姓，參拜瑞竹者絡繹不絕，臺灣製糖的政經地位達到高峰，特別在日治末皇民化時期，瑞竹更被賦予「如天皇親臨」般神聖的地位。

任期	職名	台湾製糖拡張	写真
1921 ｜ 1925	会長兼専務	●万隆農場と二峰圳（1922）	
1925 ｜ 1927	社長	●大响営農場 ●農林大臣就任のため退社	

出典：筆者整理

山本が会長兼専務に在任中、もっとも誇りにしていたのが 1923 年（大正 12）皇太子裕仁の台湾行啓の際、台湾製糖本社阿緱製糖所が唯一の糖業関連施設として訪問先に選ばれたことです。皇太子歓迎のために、台湾製糖では竹山の麻竹で作った休憩所を特注、皇太子来訪の数日前には、竹柱は奇跡のように芽を出しました。その新芽に気づいた皇太子に、山本は竹柱の産地や発芽の過程について説明しますが、それを聞いた皇太子は祥瑞を表すその竹柱を何度もなでたといわれます。台湾製糖では、発芽した芽を育成、やがて竹林へと成長します。皇太子が「祥瑞の兆し」と考えたことから、「瑞竹」と名づけ記念碑を設置、山本が自ら碑文を揮毫し、記念館を設立しました。その後上は貴族から下は庶民に至るまで、瑞竹を参拝するものが後を絶たず、それが台湾製糖の政治経済的地位をより高めることになります。特に日本統治末期の皇民化時代には、瑞竹は「天皇来訪地並み」の神聖な地とされました。

圖 3-3-25 在山本悌二郎爭取下，臺灣製糖本社所在的阿緱製糖所，被列入裕仁皇太子行啟來臺唯一的糖廠行程。本圖走在最前方著西裝者是裕仁皇太子，其後著西裝者是山本悌二郎。（《臺灣製糖株式會社史》）

図 3-3-25 山本の奔走により、台湾製糖本社所在地である阿緱製糖所は、皇太子裕仁行啓唯一の糖業関連施設に選ばれる。写真で先頭を歩くスーツ姿は皇太子裕仁、後のスーツ姿が山本。（『台湾製糖株式会社史』）

圖 3-3-26 位於廠區內的瑞竹與行啟紀念館（右）。（《臺灣製糖株式會社史》）

図 3-3-26 工場内にある瑞竹と行啓記念館（右）。（『台湾製糖株式会社史』）

圖 3-3-27　立於瑞竹旁山本悌二郎撰文的「行啟紀念碑」。（《臺灣製糖株式會社史》）

図 3-3-27　瑞竹のそばに立つ山本揮毫による「行啓記念碑」。（『台湾製糖株式会社史』）

在製糖業經營外，1916 年（大正 5）9 月，糖業聯合會及臺灣銀行、運輸業者、貿易商、紳商合組臺灣倉庫株式會社（以下簡稱臺灣倉庫），以便於港口倉儲管理，由山本悌二郎當選社長。臺灣倉庫在高雄設有支店，其轄下的倉庫可分為臺灣總督府撥交委管的管理倉庫，以及自行建設的自建倉庫。前者如著名景點棧二庫及駁二倉庫群，多為臺灣倉庫的管理倉庫；後者如今鼓山車站旁、鄰近愛河的田町倉庫，為臺灣倉庫自建倉庫。1927 年（昭和 2），山本入閣辭職，臺灣倉庫社長即懸缺超過 10 年，直到 1937 年（昭和 12）山本去世後，次年才選出專務取締役（專務董事）三卷俊夫為新社長。

製糖業経営のほか、1916年（大正5）9月には、糖業聯合会や台湾銀行、運輸業者、貿易商、紳商が港の倉庫管理効率化を目指して、合同で台湾倉庫株式会社（以下「台湾倉庫」と略す）を組織、山本は社長に選出されます。台湾倉庫は高雄に支店を持ち、管轄する倉庫には台湾総督府から管理委託された管理倉庫と自前で建設した自建倉庫が含まれました。前者は現在有名な観光地になっている棧貳庫と駁二倉庫群で、後者は鼓山駅近く、愛河付近の田町倉庫です。1927年（昭和2）、山本が入閣のため退社すると、台湾倉庫の社長の職は10年以上も空席となります。1937年（昭和12）に山本が世を去ると、漸く翌年に専務取締役の三巻俊夫を新社長に選出しました。

圖 3-3-28 位於今蓬萊商港區的臺灣倉庫高雄支店。(《高雄市大觀》)

図 3-3-28 現在の蓬莱商港区にある台湾倉庫高雄支店。（『高雄市大観』）

圖 3-3-29 總督府撥交臺灣倉庫管理、位於今棧貳庫一帶的上屋倉庫。（《臺灣寫真帖》）

図 3-3-29 総督府が台湾倉庫に管理委託した、現在の棧貳庫一帯にある上屋倉庫。（『台湾写真帖』）

圖 3-3-30 位於今愛河與鼓山車站間、臺灣倉庫建造的石油倉庫。（《臺灣倉庫株式會社二十年史》，國立臺灣大學圖書館藏）

図 3-3-30 今の愛河と鼓山駅の間にある、台湾倉庫建造の石油倉庫。（『台湾倉庫株式会社二十年史』、国立台湾大学図書館所蔵）

第四章 遇見天才雕塑家

第一節　雕塑家橫空出世

日本治臺灣這年，黃土水（1895-1930）誕生於艋舺（臺北萬華）。12 歲時父親去世，與母親遷居大稻埕，因常逛廟宇和佛具店，對木雕產生濃厚興趣。就讀府立國語學校師範科（今臺北市立大學博愛校區）期間，作品屢獲師長讚賞。1915 年（大正 4），獲民政長官內田嘉吉和國語學校校長隈本繁吉推薦，得到東洋協會臺灣支部獎助金，並以「李鐵拐」作品通過審查，進入東京美術學校（今東京藝術大學）就讀，成為第一位留日學美術的臺灣學生。

天才彫刻家との出会い

第一節　彫刻家の誕生

日本の台湾統治が始まった年、黄土水（1895-1930）が艋舺（今の台北万華）に生まれます。12 歳で父を亡くし、母と大稲埕に転居します。廟宇や仏具店に通い、木彫りに興味を持つようになり、総督府立国語学校師範科（今の台北市立大学博愛キャンパス）在学中の作品は教師にしばしば賞賛されます。1915 年（大正 4）、民政長官内田嘉吉、国語学校校長隈本繁吉の推薦を得て、東洋協会台湾支部奨学金を取得、作品「李鉄拐」が審査を通過、東京美術学校（今の東京芸術大学）に入学、台湾初の美術専攻の留日学生となります。

圖 4-1-1
黃土水。（本館典藏）

図 4-1-1
黃土水。（当館所蔵）

圖 4-1-2 黃土水國語學校師範科畢業合照。第六排左邊算來第 10 位是黃土水。（國立臺灣圖書館典藏提供）

図 4-1-2 黃土水の国語学校師範科卒業写真。六列目左から 10 番目が黃土水。（国立台湾図書館所蔵、提供）

圖 4-1-3
「釋迦出山」是 1924 年黃土水受託為龍山寺製作，完成於 1926 年的作品，可惜毀於二次大戰的空襲。現仍保存石膏原模。（《臺灣今古談》）

図 4-1-3
「釈迦出山」は 1924 年に龍山寺の依頼を受けて制作されたもの。1926 年に完成するが、第二次大戦の空襲で焼失。石膏の型が現存している。（『台湾今古談』）

1920年（大正9），黃土水以「蕃童」（又名山童吹笛）作品，入選日本藝術界最重要的展覽會一第二回帝國美術展覽會（簡稱帝展），是第一位作品入選帝展的臺灣人，轟動全日本及臺灣。次年（1921），黃土水獲准免試進入東京美術學校研究科，再以作品「甘露水」入選第三回帝展。1922年（大正11），黃土水研究科畢業，仍持續不斷創作，先後以「擺姿態的女人」、「郊外」連續兩回入選帝展。1923年（大正12）裕仁皇太子臺灣行啟，黃土水特別雕刻了「童子」作品贈與皇太子，在行啟期間，獲皇太子召見，此時黃土水還不到30歲。

1920年（大正9）、黄土水は「蕃童」（別名「笛を吹く山童」）で日本芸術界最高峰の展覧会である第二回帝国美術展覧会（帝展）に入選、帝展に入選した初の台湾人となり、日本、台湾にその名を轟かせます。翌年（1921）、黄土水は試験免除で東京美術学校研究科に入学、「甘露水」で第三回帝展に入選します。1922年（大正11）に研究科卒業後も創作を続け、「ポーズせる女」、「郊外」で帝展に連続入選します。1923年の皇太子裕仁行啓の際には、「童子」を制作、皇太子に献上します。行啓中には皇太子に謁見、この時の黄土水はまだ30歳になる前でした。

圖 4-1-4 1920 年，黃土水以「蕃童」雕刻作品入選第二回帝展，是第一位作品入選帝展的臺灣人。（《帝國美術院第二回美術展覽會圖錄》，東京文化財研究所提供）

図 4-1-4 1920 年、黃土水は彫刻作品「蕃童」で第二回帝展に入選、台湾初の帝展入選者となる。（『帝国美術院第二回美術展覧会図録』）

圖 4-1-5
黃土水東京美術學校畢業作品「少女」（原名：ひさ子さん）胸像。（國立臺北教育大學美術館提供）

図 4-1-5
黃土水の東京美術学校卒業作品「少女」（原名「ひさ子さん」）胸像。（国立台北教育大学美術館提供）

圖 4-1-6
1921 年，黃土水再以作品「甘露水」入選第三回帝展。（《帝國美術院第三回美術展覽會圖錄》，東京文化財研究所提供）

図 4-1-6
1921 年「甘露水」で再度第三回帝展に入選。（『帝国美術院第三回美術展覧会図録』，東京文化財研究所提供）

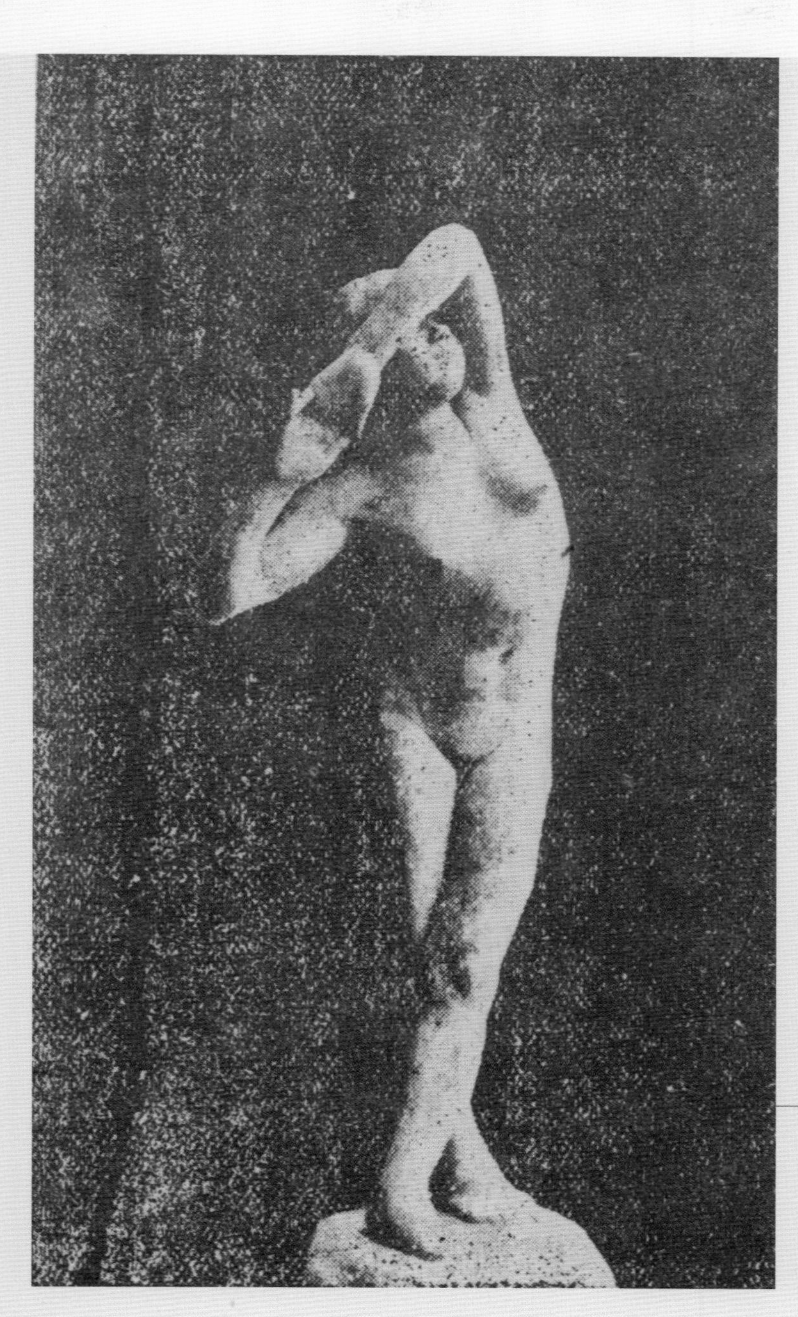

圖 4-1-7
黃土水於 1922 年再以「擺姿態的女人」（ポーズせる女）作品三度入選帝展。（國立臺灣大學圖書館典藏提供）

図 4-1-7
1922 年「ポーズせる女」で帝展に三度目の入選。（国立台湾大学図書館所蔵、提供）

圖 4-1-8
黃土水與創作中雕塑作品「郊外」。（《臺灣日日新報》）

図 4-1-8
黃土水と創作中の彫刻作品「郊外」。(『台湾日日新報』)

圖 4-1-9 1925 年舉辦的第五回帝展，黃土水再以「郊外」作品連續 4 度入選。（《帝國美術院第五回美術展覽會圖錄》，東京文化財研究所提供）

図 4-1-9 1925 年開催の第五回帝展、「郊外」で四回連続の入選。（『帝国美術院第五回美術展覧会図録』，東京文化財研究所提供）

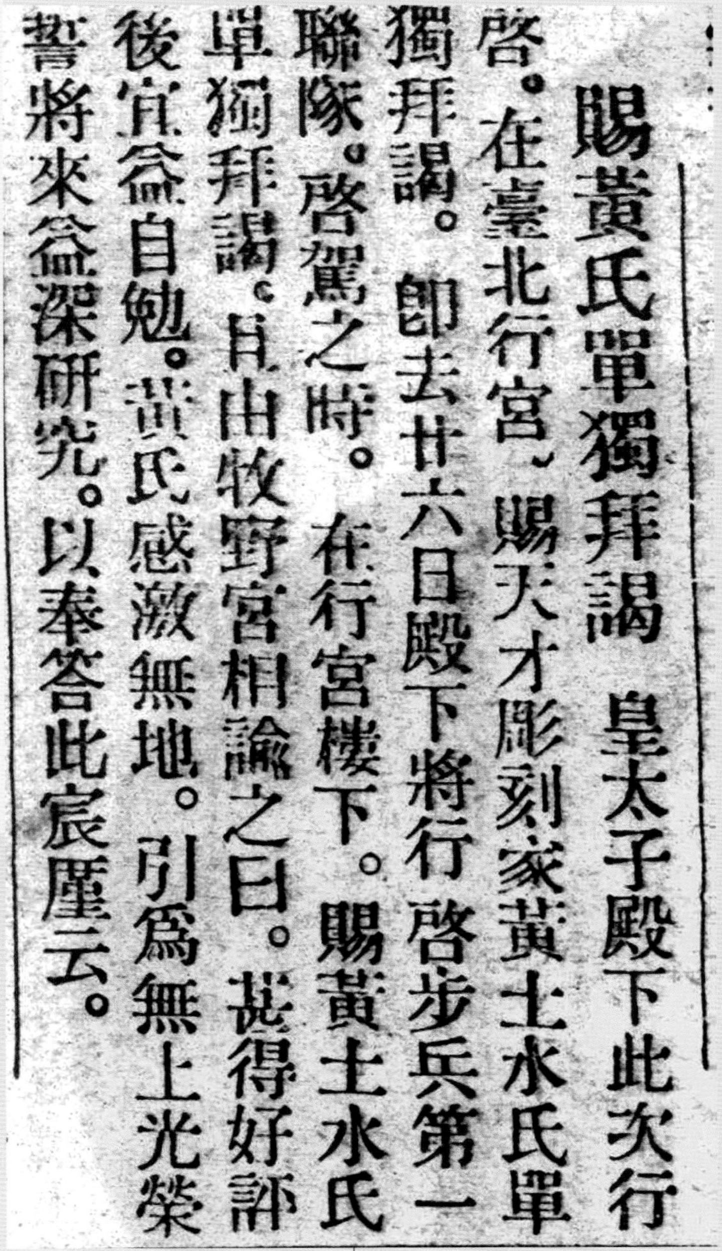

賜黃氏單獨拜謁　皇太子殿下此次行啓。在臺北行宮。賜天才彫刻家黃土水氏單獨拜謁。卽去廿六日殿下將行啓步兵第一聯隊。啓駕之時。在行宮樓下。賜黃土水氏單獨拜謁。且由牧野宮相諭之曰。甚得好評後宜益自勉。黃氏感激無地。引爲無上光榮誓將來益深研究。以奉答此宸廑云。

4-1-10　裕仁皇太子臺灣行啟期間，特別單獨召見黃土水。圖為《漢文臺灣日日新報》的報導。

図 4-1-10　皇太子裕仁は台湾行啓中、特別に単独で黃土水に接見する。写真は『漢文台湾日日新報』の報道記事。

第二節　登壇入閣兩胸像

黃土水連續4度入選帝展，又獲皇太子召見，瞬間成為炙手可熱的風雲人物，許多達官貴人紛紛請黃土水製作胸像。1927年（昭和2），山本悌二郎入閣任農林大臣，辭臺灣製糖社長職，結束在臺灣、也是在臺灣製糖長達27年（1900-1927）的任職生涯。臺灣製糖社員捐資請黃土水為山本製作胸像以資紀念。黃土水基於山本是東洋協會主要成員，其早期受到東洋協會贊助得以到日本留學，欣然同意製作胸像。

第二節　入閣登壇した二つの胸像

黄土水は帝展に4年連続で入選、皇太子に謁見を許されるなど、時代の寵児となり、政治家や富豪から胸像制作依頼が殺到します。1927年（昭和2）、山本悌二郎が農林大臣就任のため、台湾製糖社長を辞任して、27年間の台湾製糖時代（1900-1927）に終止符を打ちます。台湾製糖の社員は社内募金により黄土水に山本の記念胸像制作を依頼します。若いころ東洋協会の援助で日本留学した黄土水は、同会の主要メンバーであった山本の胸像制作を喜んで引き受けます。

圖 4-2-1
黃土水成名後，不斷受到委託為名人製作胸像。圖為黃土水受託為曾任總督府醫學校校長、臺灣電力株式會社社長高木友枝製作的胸像。（彰化高中高木友枝典藏故事館典藏）

図 4-2-1
有名になった黄土水には、多くの大人物から胸像制作依頼が寄せられた。写真は黄が受託制作した総督府医学校校長、台湾電力株式会社社長高木友枝の胸像。（彰化高等学校高木友枝資料所蔵館所蔵）

臺灣所生唯一之彫刻家
沐光榮之黃土水君
完成久邇宮同妃兩殿下御肖像

臺灣出身唯一之彫刻家黃土水君。固人所周知。同君今春以來。沐光榮着手彫刻久邇宮殿下。並同妃殿下御半身肖像。卽殿下同妃殿下。在相州熱海御用邸避寒當時。自本年二月伺候其御用邸。每日各二時間。在其御身邊。從事製作原型。約費一個月告畢。至九月初旬。同族殿下於東京御供御覽。是時受褒獎著製作。沐光榮而退出。黃君欲再彫製以木彫。及青銅之二種。此次因受臺北州廳委託鑄造青銅水牛。爲御大禮記念獻上品。目下在大稻埕從事製作。豫定明年一月下旬完竣。而既受許可之久邇宮殿下同妃殿下之木彫及青銅鑄造。必欲完成奉納云。

圖 4-2-2
1928 年久邇宮邦彥王來臺，黃土水受臺北州廳委託製作完成邦彥王和王妃胸像。圖為報刊的相關報導（《まこと》）。

図 4-2-2
1928 年久邇宮邦彦王が来台、台北州庁の依頼を受けて邦彦王と王妃の胸像を制作する。写真は当時の報道（『まこと』）。

1927 年（昭和 2）10 月，黃土水為山本悌二郎製作的石膏胸像問世。臺灣製糖社員將之翻製為銅像（簡稱山本銅像），豎立在橋仔頭製糖所社宅事務所的玄關。1929 年（昭和 4）2 月 5 日，臺灣製糖為山本銅像舉行除幕式，由山本任社長時的左右手一時任常務取締役（常務董事）平山寅次郎主持。銅像後方還有黃土水刻下之「山本悌二郎先生寿像 1927 D.K」標題及落款。「1927」代表胸像製作年代；「D.K.」是黃土水日文發音羅馬拼音（Dosui Ko.）的字首縮寫。

1927 年（昭和 2）10 月、山本の石膏胸像が完成、公開されます。台湾製糖社員はそれを銅像に複製（山本銅像と略す）、橋仔頭製糖所の社宅事務所玄関に設置します。1929 年（昭和 4）2 月 5 日、山本の社長時代にその右腕として働いた常務取締役平山寅次郎によって銅像除幕式が挙行されます。銅像の背部には黄土水によって「山本悌二郎先生寿像、1927D.K.」と刻まれました。「1927」は制作年度、「D.K.」は黄土水の日本語発音「Dosui Ko.」のイニシャルです。

圖 4-2-3 1927 年（昭和 2）《漢文臺灣日日新報》刊出的山本胸像照片。

図 4-2-3 1927 年（昭和 2）、『漢文台湾日日新報』掲載の山本胸像写真。

圖 4-2-4 昭和 4 年（1929）2 月 5 日舉行的山本悌二郎銅像除幕式，由常務取締役平山寅次郎主持。（本館典藏）

図 4-2-4 昭和 4 年（1929）2 月 5 日挙行の山本銅像除幕式。常務取締役平山寅次郎が主催した。（当館所蔵）

圖 4-2-5 臺灣製糖第四任社長武智直道（銅像左側）與橋仔頭製糖所所長金木善三郎（銅像右側）於山本悌二郎銅像前合影。（陳明發先生提供）

図 4-2-5 台湾製糖第四代社長武智直道（銅像左側）と橋仔頭製糖所所長金木善三郎（銅像右側）の銅像前の記念撮影。（陳明発氏提供）

圖 4-2-6
山本銅像背後雕刻「山本悌二郎先生寿像 1927 D.K」字樣。「1927」為製作年代；「D.K.」是黃土水日文發音羅馬拼音（Dosui Ko.）的字首縮寫。（駐日代表處臺灣文化中心提供）

図 4-2-6
銅像の背部には「山本悌二郎先生寿像　1927D.K.」と刻まれている。「1927」は制作年度、「D.K.」は黄土水の日本語イニシャル（Dosui Ko.）を表している。（駐日代表処台湾文化センター提供）

1928 年（昭和 3），黃土水在日本又幫山本悌二郎製作了 1 個石膏胸像（簡稱山本胸像），胸像背面刻有「山本農相寿像 1928 D.K.」字樣。胸像原收藏在山本在東京目黑的官邸，後送交給佐渡市，保存在佐渡市舊真野町役場。2020 年（民國 109）12 月，因出借給國立臺灣美術館進行翻製而首度來臺。

1928 年（昭和 3）、黄土水は日本で再度山本の石膏胸像（山本胸像と略す）を制作、背部には「山本農相寿像　1928 D.K.」と刻まれます。胸像は目黒にある山本の官邸に置かれていましたが、その後佐渡市に寄贈され、佐渡市真野町役場に保管されました。2020 年（民国 109）12 月に、国立台湾美術館で複製するために初めて台湾に運ばれます。

圖 4-2-7 1928 年黃土水在日本製作的第二尊山本胸像，後來保存在佐渡市舊真野町役場，2020 年出借給國立臺灣美術館翻製。（國立臺灣美術館提供）

図 4-2-7 1928 年制作の二体目の山本胸像、佐渡市旧真野町役場に保管。2020 年に複製のために国立台湾美術館に貸し出された。（国立台湾美術館提供）

圖 4-2-8
第二尊山本胸像背面刻「山本農相寿像 1928D.K.」。（莊天賜攝影）

図 4-2-8
二代目の胸像の背部には「山本農相寿像　1928D.K.」と刻まれている。（莊天賜撮影）

第三節　兩位先驅的殞落

黃土水在 1925 年（大正 14）首次落選帝展後，一度拒絕再送件參賽。1928 年（昭和 3），黃土水重燃參展念頭，開始製作「水牛群像」石膏淺浮雕作品。1930 年（昭和 5），作品完成，還來不及送展，就因勞累過度，盲腸炎併發腹膜炎延誤就醫，於 12 月 21 日在東京逝世，享年 36 歲。1931 年（昭和 6）5 月，黃土水親朋好友為其在舊廳舍（位置在今臺北中山堂）舉辦舉辦遺作展覽會，其中包括 1927 年（昭和 2）黃土水為山本悌二郎製作的石膏胸像。可惜的是，現今原型石膏胸像不知下落，僅餘銅像留存。

第三節　先駆者二人の長逝

黄土水は 1925 年（大正 14）に初めて帝展で落選すると、一度は参加を拒否します。1928 年（昭和 3）再び創作意欲を取り戻し、「水牛群像」の石膏レリーフ作成にとりかかります。1930 年（昭和 5）、完成した作品を応募する前に、過労に盲腸炎による腹膜炎を併発、12 月 21 日、東京で 36 歳の若さで亡くなりました。1931 年（昭和 6）5 月、友人達が旧庁舎（今の台北中山堂の場所にあった）で遺作展覧会を開催、1927 年（昭和 2）制作の山本石膏胸像も展示されました。残念ながら、銅像の原型となった石膏胸像は行方不明となり、現在銅像だけが残されています。

圖 4-3-1 黃土水最後一件巨作「水牛群像」。（高雄市立美術館提供）

図 4-3-1 最後の大作「水牛群像」。（高雄市立美術館提供）

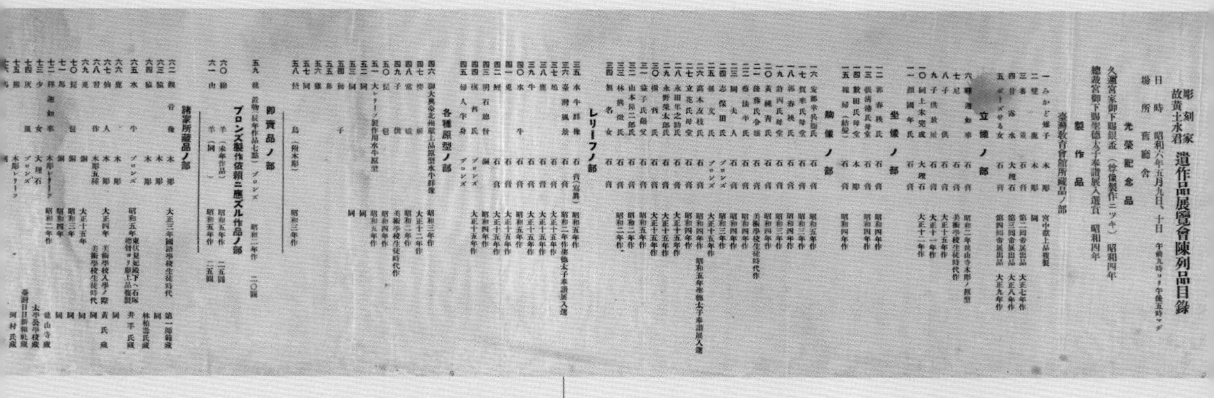

彫刻家 故黃土水君 遺作品展覽會陳列品目錄

日時 昭和六年五月九日、十日 午前九時ヨリ午後五時マデ
場所 舊廳舍

光榮記念品

久邇宮家御下賜銀盃（肖像製作ニツキ） 昭和四年
總裁宮御下賜聖德太子奉讃展入選賞 昭和四年

製作品

臺灣教育會館所藏品ノ部

一 みかど雉子 木彫 宮中獻上品複製
二 雙鹿 木彫 同
三 春 石膏 第二回帝展出品 大正七年作
四 甘露水 大理石 第三回帝展出品 大正八年作
五 ポーズせる女 石膏 第四回帝展出品 大正九年作

立像ノ部

六 釋迦如來 石膏 昭和二年龍山寺木彫ノ原型
七 尼 石膏 美術學校生徒時代作
八 子供 石膏 大正十五年作
九 子供放屁 石膏 大正十一年作
一〇 同上未完成 大理石 大正十二年作
一一 顏國年氏 石膏

坐像ノ部

一二 郭春秧氏 石膏 昭和四年作
一三 倶淸港氏母堂 石膏 昭和四年作
一四 數田氏母堂 木彫
一五 裸婦（結髮） 石膏 昭和四年作

胸像ノ部

一六 安部幸兵衛氏 石膏 昭和五年作
一七 賀來氏母堂 石膏 昭和三年作
一八 郭春秧氏 石膏 昭和四年作
一九 許丙氏母堂 石膏 昭和三年作
二〇 黃純青氏 石膏 昭和四年作
二一 後藤氏令嬢 石膏 美術學校生徒時代作
二二 蔡法平氏 石膏 昭和四年作
二三 同夫人 石膏 昭和四年作
二四 志保田氏 ブロンズ 昭和三年作
二五 張文氏 ブロンズ 大正十五年作
二六 高木友枝氏 石膏 昭和四年作 昭和五年聖德太子奉讃展入選
二七 立花氏母堂 石膏 昭和四年作
二八 永田隼之助氏 石膏 大正十五年作
二九 永野榮太郎氏 石膏 大正十五年作
三〇 張哲氏 石膏 昭和五年作
三一 益子氏祖父 石膏 昭和五年作
三二 山本悌二郎氏 石膏 昭和二年作
三三 林熊徵氏 石膏 昭和二年作
三四 無名女 石膏

レリーフノ部

三五 水牛群像 石膏（寫眞） 昭和五年作
三六 臺灣風景 石膏 昭和二年作聖德太子奉讃展入選
三七 馬 石膏 大正十五年作
三八 鹿 石膏 大正十五年作
三九 牛 石膏 大正十五年作
四〇 水牛 石膏 昭和五年作
四一 兎 石膏 大正十五年作
四二 鯉 石膏 大正十五年作
四三 明石總督 銅 昭和四年作
四四 濱口氏 ブロンズ 大正十五年作
四五 婦人半身 ブロンズ

各種原型ノ部

四六 御大典奉[illegible]北州獻上品原型水牛群像 昭和三年作
四七 標杯 大正十二年作
四八 常娥 昭和二年作
四九 子供 美術學校生徒時代作
五〇 [illegible] 昭和四年作
五一 大レリーフ製作用水牛原型 昭和五年作
五二 同 同
五三 同 同
五四 獅子
五五 [illegible]
五六 [illegible]
五七 同
五八 鵞鳥（附木彫） 昭和三年作

御賣品ノ部

五九 猿置物（長年作品七點） ブロンズ 昭和二年作 二〇圓

ブロンズ製作依賴ニ應ズル作品ノ部

六〇 綿羊（未年作品） 昭和五年作 二五圓
六一 山羊（同） 昭和五年作 二五圓

諸家所藏品ノ部

六二 觀音像 木彫 大正三年國語學校生徒時代 第一師範藏
六三 猿 木彫 同
六四 猫 木彫 林柏壽氏藏
六五 水牛 ブロンズ 昭和五年東伏見妃殿下ヘ石塚總督ヨリ獻上品複製 井手氏藏
六六 鹿 木彫 同
六七 仙人 木彫 大正四年美術學校入學ノ際 黃氏藏
六八 習作 木彫五種 美術學校生徒時代 同
六九 兎 銅 大正十五年 同
七〇 猿 銅 昭和三年 同
七一 馬 銅 昭和四年 同
七二 釋迦如來 木彫レリーフ 昭和二年作 龍山寺藏
七三 少女 大理石 太平公學校藏
七四 灰鼠 ブロンズ 臺灣日日新報社藏
七五 猿 木彫レリーフ 河村氏藏

圖 4-3-2 黃土水去世後，親朋好友為其舉辦遺作品展覽會，1927 年製作的山本胸像編為第 32 號，為展覽品之一。（國立中央研究院臺灣史研究所檔案館提供）

図 4-3-2 黄土水の死後、友人達が遺作展覧会を開催、1927 年制作の山本胸像も展示品の一つで、32 番の番号がつけられている。（国立中央研究院台湾史研究所档案館提供）

而山本悌二郎在 1927 年（昭和 2）入閣後，長期住在位於東京目黑區的官邸。1937 年（昭和 12）7 月，山本悌二郎重返臺灣視察，並回憶其在臺灣期間的黃金時光，這是他最後一次踏上臺灣這塊土地。同年 12 月 14 日，山本悌二郎參加完大東文化協會理事會後，在步出玄關之際，突因腦溢血倒地昏迷，晚間宣告不治，享年 67 歲。12 月 17 日，山本悌二郎的葬儀在東京青山齋場舉行，高雄也同步舉行兩場祭儀：一場是由臺灣製糖舉辦，地點選在山本生前最有革命情感的橋仔頭製糖所社宅事務所；另一場是由臺灣倉庫舉辦，地點選在高雄愛國婦人會館（今鼓山區登山街）。

山本は 1927 年（昭和 2）に内閣入閣後、長い間東京目黒区の官邸に住みます。1937 年（昭和 12）7 月、山本は視察のために再び来台、台湾時代の思い出にふけります。これが山本にとっての最後の訪台となります。同年 12 月 14 日、台糖文化協会理事会に出席後、玄関を出る際に突然脳溢血に倒れ、その夜に亡くなります。67 歳でした。12 月 17 日の葬儀会場は東京の青山斎場でしたが、高雄でも同時刻に行われました。その会場は山本が心血を注いだ橋仔頭製糖所の社宅事務所でした。また台湾倉庫主催でも行われ、会場には高雄愛国婦人会館（今の鼓山区登山街）が選ばれました。

圖 4-3-3 山本悌二郎入閣後，長期住在東京目黑區的官邸。圖為 1928 年山本悌二郎（中坐者）與官邸僕役合照。（本館典藏）

図 4-3-3 入閣後の山本は東京目黒区の官邸に住んだ。写真は 1928 年撮影、山本（中央着席者）と官邸職員。（当館所蔵）

山本悌二郎氏
昨夜腦溢血で逝去

【東京十五日發同盟】大東文化協會評議員會に出席中腦溢血で卒倒し重態を續けてゐた政友會顧問山本悌二郎氏は同協會の一室で加療を受けてゐたが遂に十四日午後七時四十分逝去した、享年六十八（寫眞は山本氏）

政界では強氣の存在
臺灣糖業の大恩人
今夏十五年ぶりに來臺

政界における山本悌二郎氏は常に「強氣」の存在であつた、氏の行くところ、氏の在るところ常に強靱なる雰圍氣を釀してその先鋒たるの槪あり、その氣槪は老來いささかも衰へず、最近は、對英同志會の中心となつて幾多の志士政客と共に、對英強硬論を唱へ、政府に向つてもその決意を促すなど潑剌たる活躍を爲してゐたもので、「山悌未だ老いず」の感深く、去月二十五日の日獨防共協定一周年記念日には東京ドイツ大使館における祝賀の盛宴に日獨協會長として列席し、元氣な所を見せ、世間も漸く氏年來の主張に同流の傾向にあり、尚又最近は滿洲における日獨協力の航空會社設立に就ても氏の貢獻する所少なからず、これ等も漸くその緒に就かんとしてゐた今日、突如その長逝を見た事は

圖 4-3-4　山本悌二郎去世的報導。（《臺灣日日新報》）

図 4-3-4　山本死去を報じる新聞記事。（『台湾日日新報』）

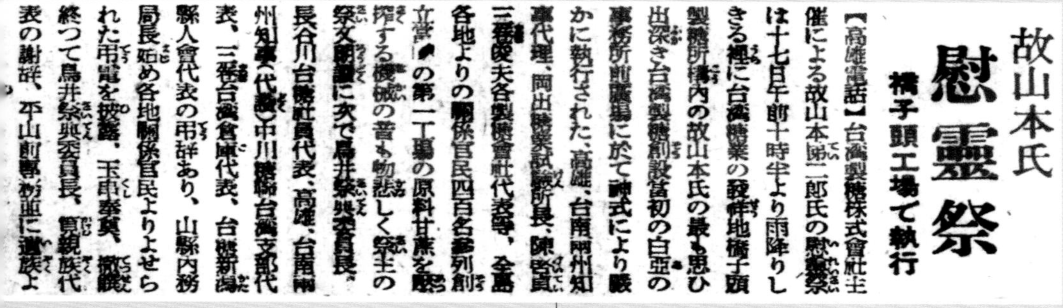

故山本氏
慰靈祭
梯子頭工場で執行

【高雄電話】台灣製糖株式會社主催による故山本悌二郎氏の慰靈祭は十七日午前十時半より雨降りしきる裡に台灣糖業の發祥地橋子頭製糖所構内の故山本氏の最も思ひ出深き台灣製糖創設當初の白亞の事務所前廣場にて神式により嚴かに執行された、高雄、台南兩州知事代理、同出糖業試驗所長、陳啓貞、三卷俊夫各製糖會社代表等、全島各地よりの關係官民四百名參列創立當時の第二工場の原料甘蔗を壓搾する機械の音も物悲しく祭主の祭文朗讀に次で鳥井祭典委員長、長谷川台糖社員代表、高雄、台南兩州知事(代讀)中川糖聯台灣支部代表、三卷台灣倉庫代表、台糖新潟縣人會代表の弔辭あり、山縣內務局長始め各地關係官民よりよせられた弔電を披露、玉串奉奠、撤饌終つて鳥井祭典委員長、實親族代表の謝辭、平山專務並に遺族よ

圖 4-3-5 臺灣製糖在橋仔頭製糖所舉行山本悌二郎慰靈祭的報導。(《臺灣日日新報》)

図 4-3-5 台湾製糖が橋仔頭製糖所で行った山本慰霊祭の報道。(『台湾日日新報』)

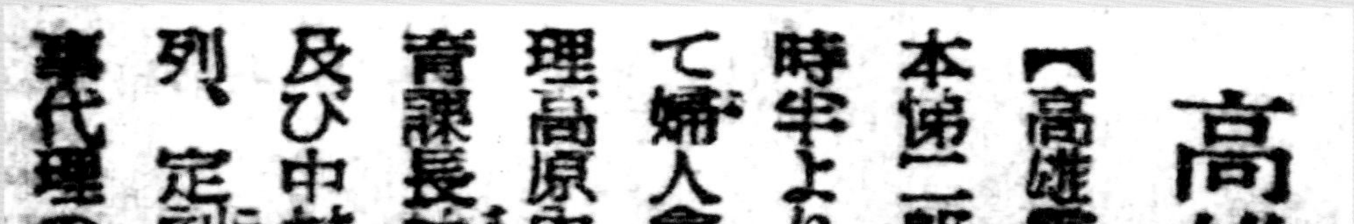

高雄で遙弔式

【高雄電話】高雄市における故山本悌二郎氏遙弔式は十七日午前十時半より台灣倉庫高雄支店主催にて婦人會館で盛大に執行、知事代理高原內務部長、市尹代理藤本教育課長始め故人の遺德を慕ふ官民及び中村一諾氏以下社員百餘名參列、定刻諸儀の後中村一諾氏、知事代理の弔辭、玉串奉奠中村一諾

圖 4-3-6 臺灣倉庫在愛國婦人會館舉行山本悌二郎遙弔式的報導。(《臺灣日日新報》)

図 4-3-6 台湾倉庫が愛国婦人会で行った山本遥弔式の報道。(『台湾日日新報』)

第四節　山本故鄉的銅像

1945 年（昭和 20、民國 34）8 月，二次大戰日本戰敗，包括臺灣製糖在內，臺灣各製糖會社資產被中華民國政府接收，1946 年（民國 35）成立公營的臺灣糖業公司經營管理。臺灣製糖在日本的資產則新成立台糖株式會社繼續經營。因政治考量，位於橋仔糖製糖所社宅事務所前的山本銅像，被卸下放置在除役的第一代製糖機器旁。

第四節　山本の故郷の銅像

1945 年（昭和 20、民国 34）8 月、日本は第二次世界大戦に敗戦、台湾製糖を含む台湾島内の各製糖会社の資産は中華民国政府に接収され、1946 年（民国 35）に設立された公営台湾糖業公司の経営管理下に置かれます。台湾製糖の日本における資産は新しくできた台糖株式会社に引き継がれます。政治的な配慮から、橋仔頭製糖所社宅事務所前にあった山本の銅像は稼働を終えていた初代製糖機のそばに安置されました。

圖 4-4-1 臺灣製糖創業時的第一代製糖機器，在 1930 年代功成身退後，即放在橋仔頭製糖所內展示。（《臺灣製糖株式會社史》）

図 4-4-1 台湾製糖創業時の初代製糖機器、1930 年にその役目を終えてから、製糖所内で展示されていた。（『台湾製糖株式会社史』）

1959 年（民國 48），台糖株式會社興建北海道道南製糖所，基於第一代製糖機器原本就來自於北海道，在時任總統府秘書長張群協調拍板下，閒置的製糖機器被當成禮物返還給台糖株式會社，山本銅像也連同機器被運送至日本。最終，第一代製糖機器落腳於道南製糖所，成為該所的陳列品，並在 2007 年（平成 19）被日本經濟產業省選為「近代化產業遺產」；銅像則是落腳於山本故鄉佐渡島。為安置銅像，佐渡市方面成立「山本悌二郎先生顯彰會」，於 1960 年（昭和 35）7 月在真野公園豎立銅像，同時建立的還有「山本悌二郎先生顯彰碑」。

山本悌二郎故鄉佐渡島，就這樣成為山本銅像的他鄉。這尊標記山本悌二郎與臺灣新製糖業關係的銅像，讓臺灣與日本兩國間的歷史牽絆猶未完待續。

1959年（民国48）、台糖株式会社は北海道道南製糖所を設立、橋仔頭の初代機器はもともと北海道にあったことから、当時の総統府秘書長陳群の決定により、贈り物として台糖株式会社に返還され、山本の銅像も機器と一緒に日本に送られました。この製糖機器は道南製糖所に展示品として飾られ、2007年（平成19）には経済産業省から「近代化産業遺産」に選ばれました。山本の銅像は故郷佐渡島に送られました。銅像安置のために、佐渡市では「山本悌二郎先生顕彰会」が設立され、1960年（昭和35）7月に銅像は「山本悌二郎顕彰碑」とともに真野公園に設置されました。

こうして、山本の故郷佐渡島が山本銅像の他郷となりました。山本と台湾新式製糖業の関係を物語るこの銅像によって、日台両国の歴史的繋がりが継続することになります。

圖 4-4-2 目前展示在北海道道南製糖所前庭的第一代製糖機器，2007 年被日本經濟產業省以最古老的製糖機器選為近代化產業遺產。（陳明發先生提供）

図 4-4-2 現在北海道道南製糖所の前庭に展示されている初代製糖機器。2007 年には経済産業省から最古の製糖機器として近代化産業遺産に指定された。（陳明発氏提供）

圖 4-4-3
設立於新潟佐渡市真野公園的山本悌二郎銅像。（株式会社 RAINBOW 彩愛國際文化事業股份有限公司提供）

図 4-4-3
新潟県佐渡島の講演に設置された山本悌二郎銅像。（株式会社 RAINBOW 彩愛國際文化事業股份有限公司提供）

圖 4-4-4
立於真野公園山本銅像旁的「山本悌二郎先生顯彰碑」。（株式会社 RAINBOW 彩愛國際文化事業股份有限公司提供）

図 4-4-4
銅像横の「山本悌二郎先生顕彰碑」。（株式会社 RAINBOW 彩愛國際文化事業股份有限公司提供）

第五章 寫在銅像返鄉後

隨著近年來臺灣對本土化的重視，以及臺日友好的氛圍，在臺、日兩方多人努力奔走下，2022 年 8 月，豎立於山本悌二郎故鄉的山本銅像，在睽違超過一甲子後重返故鄉高雄。未來原件將留在高雄典藏，並翻製兩尊銅像，1 尊回到橋頭糖廠社宅事務所，1 尊回到日本佐渡真野公園。塵封已久山本悌二郎與糖業、高雄記憶即將重新開啟，繼續譜寫著臺日友好的歷史篇章。

銅像の帰郷後

近年台湾の本土化重視、日台友好の機運の中、日台双方の努力、奔走によって、2022 年 8 月、山本の故郷にあった銅像が、60 年以上の時を経て故郷高雄に帰ってきました。今後現物は高雄で保管、二体作成される複製は、一体は橋頭糖廠住宅事務所前、もう一体は佐渡の真野公園に設置されます。長年封じ込められてきた山本と糖業、高雄の間の記憶の扉が開かれ、日台友好の歴史が綿々と語り継がれることになるのです。

圖 5-1-1 出身臺灣、旅居佐渡的若林素子女士（左2），以及駐日代表謝長廷（右3）。（株式会社 RAINBOW 彩愛國際文化事業股份有限公司提供）

図 5-1-1 台湾出身、佐渡在住の若林素子女史（左から二人目）、駐日代表謝長廷（右 3）。（株式会社 RAINBOW 彩愛國際文化事業股份有限公司提供）

渡邊龍五市長勛鑒

其邁與謝長廷大使於去年底一同訪查高雄橋頭糖廠，瞭解來自於貴市的山本悌二郎先生，為1920年代擘劃臺灣新式糖業的關鍵人士，當年更選定高雄橋仔頭設置全臺第一座新式糖廠，奠定臺灣製糖產業邁向近代化發展之路，對於本市發展實有重要貢獻。

因其貢獻，眾人集資邀請臺籍知名藝術家黃土水創作山本先生銅像，置於橋仔頭糖廠社宅事務所，之後因物換星移而暫離臺灣，現今立於佐渡市。今日，流離近百年的銅像如能再返回糖廠社宅事務所舊址，將可再次見證山本先生對糖廠、對高雄之歷史貢獻，實為眾人引頸期盼、振奮鼓舞之美事。故此，我邀請渡邊市長一同合作促成山本先生銅像返回高雄糖廠舊址，除彰顯台日友好情誼，更得以呈現高雄市與佐渡市百年之歷史羈絆，讓世人及後代能永遠珍惜此段難得之歷史緣分。

百年前，山本先生由佐渡遠赴高雄，奠定本市發展基礎。今日，山本先生銅像若能再次循著歷史足跡回歸，共創友好佳話，當能延續兩地之間的歷史緣分，開啟貴我兩市未來的交流情誼。耑此，順頌

時祺

高雄市市長
陳其邁

陳其邁

圖 5-1-2
高雄市長陳其邁致佐渡市長信函，表達期待山本銅像返鄉的熱望。（高雄市政府提供）

図 5-1-2
高雄市長陳其邁が佐渡市長に宛てた手紙、銅像帰郷への熱意がつづられている。（高雄市政府提供）

臺灣歡喜迎接
山本悌二郎
雕像返台

若林夫人與
駐日代表處
熱心交涉

高雄市
努力爭取

佐渡市
慷慨成全

高史博文史
調查研究

高美館
專業支援

台灣糖業公
司大力配合

圖 5-1-3 佐渡市長渡邊龍五（左 1）及佐渡市民的玉成其事，是山本銅像得以返鄉的關鍵。（株式会社 RAINBOW 彩愛國際文化事業股份有限公司提供）

図 5-1-3 佐渡市長渡辺竜五（一番左）と佐渡市民の協力が、山本銅像帰郷の鍵となった。（株式会社 RAINBOW 彩愛國際文化事業股份有限公司提供）

圖 5-1-4 高雄市立歷史博物館進行歷史調查研究，確認山本銅像與高雄的淵源。（本館典藏）

図 5-1-4 高雄市立歴史博物館の歴史調査研究によって、山本銅像と高雄の関係が確認された。（当館所蔵）

圖 5-1-5 山本銅像原件將典藏於高雄市立美術館。（高雄市立美術館提供）

図 5-1-5 山本銅像現物は高雄市立美術館に所蔵される。（高雄市立美術館提供）

圖 5-1-6 台灣糖業公司大力配合並出借社宅事務所，讓山本悌二郎的事蹟在橋頭糖廠鮮活起來。(台灣糖業公司高雄區處提供)

図 5-1-6 台湾糖業公司の全面協力、社宅事務所貸出のおかげで、山本の事績が橋頭糖廠によみがえった。（台湾糖業公司高雄區処提供）

山本銅像返鄉紀事

年	紀事	
2020(民國 109)	5 月	文化部、國美館、佐渡市三方共同簽署協議書，佐渡市役所同意將 1928 年黃土水製作的山本悌二郎石膏胸像出借 3 年給國美館進行修復、翻製。
	10 月	駐日代表謝長廷與同仁在若林素子陪同下，造訪真野公園一睹山本銅像。
	12 月 21 日	1928 年製作的山本石膏胸像運抵臺灣。
2021(民國 110)	1 月 22 日	國美館舉辦「流轉回鄉 — 黃土水作品開箱記者會」。
	12 月 18 日	高雄市長陳其邁與駐日代表謝長廷至橋頭糖廠確認山本銅像日治時期置放的位置。
2022(民國 111)	3 月下旬	高雄市長陳其邁致函佐渡市長渡邊龍五，表達山本銅像返鄉的期望。
	4 月 20 日	佐渡市長渡邊龍五對山本銅像返臺表達支持立場。
	6 月 1 日	佐渡市役所就山本銅像返還高雄徵求市民意見。
	7 月 1 日	山本銅像返還高雄案未有市民提出異議。
	7 月 28 日	高雄市政府與佐渡市役所簽合作備忘錄。
	8 月 19 日	山本銅像自真野公園基座卸下啟運返鄉。
	8 月 28 日	高雄市政府舉辦山本銅像開箱儀式。

山本銅像の帰郷までの記録

年	出来事	
2020(令和2)	5月	文化部、国立台湾美術館、佐渡市の共同協議書調印、1928年制作の山本悌二郎石膏胸像の三年間貸し出し、国美館による修復、複製に佐渡市が同意。
	10月	駐日代表謝長廷と職員が若林素子の案内で、真野公園の山本銅像を見学。
	12月21日	山本石膏胸像が台湾に到着。
2021(令和3)	1月22日	国美館「流転の帰郷――黄土水作品公開記者会見」開催。
	12月18日	高雄市長陳其邁と駐日代表謝長廷が橋頭糖廠で山本銅像の日本時代の設置位置を確認。
2022(令和4)	3月下旬	高雄市長が佐渡市長渡辺竜五に私信、山本銅像帰郷の希望を伝達。
	4月20日	佐渡市長渡辺竜五が定例記者会見で、銅像帰台に応じる考えを表明。
	6月1日	佐渡市役所が銅像の高雄返還案に関するパブリックコメントを募集。
	7月1日	佐渡市民からの反対がないことを確認。
	7月28日	高雄市政府と佐渡市の間で友好交流覚書に調印。
	8月19日	山本銅像が真野公園台座から取り外される。
	8月28日	高雄市政府が銅像公開セレモニーを開催。

參考文獻

《臺灣日日新報》

《府報》

三卷俊夫，《臺灣倉庫株式會社二十年史》，臺北：臺灣倉庫株式會社，1936 年。

上田元胤、湊靈雄，《臺灣士商名鑑》，無出版地：にひたか社，無出版年。

久保文克，《殖民地企業經營史論》，東京：日本經濟評論社，1997 年。

小山權太郎，《高雄市大觀》，臺北：南國寫真大觀社，1930 年。

不著撰人，〈山本悌二郎略年譜〉，《佐渡文獻》，120（2019），頁 29-30。

不著撰人，〈臺灣糖業と後藤新平伯（二）〉，《糖業》，25：1（1938），頁 17-18。

王怡方，〈日治時代虎尾市街的出現與成長〉，臺北：國立臺灣師範大學地理學研究所碩士論文，1999 年。

王御風等，《和風吹撫的港市：打造高雄日人的故事》，臺北：我己文創，2017 年。

矢內原忠雄，《帝國主義下の臺灣》，東京：岩波書店，1929 年。

伊藤重郎，《臺灣製糖株式會社史》，東京：臺灣製糖株式會社東京出張所，1939 年。

江芳菁，〈大林糖廠與大林地區社會經濟發展（1909-1996）〉，臺北：國立臺灣師範大學歷史研究所碩士論文，2003 年。

佐藤吉治郎，《臺灣糖業全誌》，臺中：株式會社臺灣新聞社，1916 年。

参考文献

『台湾日日新報』

『府報』

三巻俊夫、『台湾倉庫株式会社二十年史』、台北：台湾倉庫株式会社、1936 年。

上田元胤、湊靈雄、『台湾士商名鑑』、無出版地：にひたか社、無出版年。

久保文克、『殖民地企業経営史論』、東京：日本經済評論社、1997 年。

小山権太郎、『高雄市大観』、台北：南国写真大観社、1930 年。

無署名、「山本悌二郎略年譜」、『佐渡文獻』、120（2019）、29-30 頁。

無署名、「台湾糖業と後藤新平伯（二）」、『糖業』、25：1（1938）、17-18 頁。

王怡方、「日治時代虎尾市街的出現与成長」、台北：国立台湾師範大学地理学研究所修士論文、1999 年。

王御風等、『和風吹撫的港市：打造高雄日人的故事』、台北：我己文創、2017 年。

矢内原忠雄、『帝国主義下の台湾』、東京：岩波書店、1929 年。

伊藤重郎、『台湾製糖株式会社史』、東京：台湾製糖株式会社東京出張所、1939 年。

江芳菁、「大林糖廠与大林地区社会經済発展（1909-1996）」、台北：国立台湾師範大学歴史研究所修士論文、2003 年。

佐藤吉治郎、『台湾糖業全誌』、台中：株式会社台湾新聞社、1916 年。

吳叔玲，〈總督府時代之臺灣糖業研究—以新渡戶稻造之「糖業改善意見書」為中心〉，臺北：淡江大學日文研究所碩士論文，2007 年。

吳美蘭，〈日據時代臺灣的糖業政策〉，《臺灣人文》3/4 (1978.4、7)，頁 50-70。

吳密察，《臺灣近代史研究》，臺北：稻香，1990 年。

李品寬，〈日治時期臺灣近代紀念雕塑人像之研究〉，臺北：國立臺灣師範大學臺灣史研究所碩士論文，2009 年。

杜明玲，〈製糖產業與地方發展的連動—以水上鄉之南靖糖廠為例（1908–2008）〉，臺北：國立臺北教育大學臺灣文化研究所，2019 年。

林呈蓉、荒木一視，〈臺灣之於「東洋協會」的歷史意義〉，Journal of East Asian Identities，1（2015），頁 53-80。

林思佳，〈臺灣糖業發展和地方特性之形塑—以高雄縣橋頭鄉為例〉，臺北：國立臺灣師範大學地理學研究所碩士論文，1997 年。

前田蓮山，《政治は人格なり》，東京：新作社，1924 年。

涂照彥，《日本帝國主義下の臺灣》，東京：東京大學，1975 年。

莊天賜，〈日治初期屏東平原製糖業的變遷〉，《中國歷史學會史學集刊》31(1999.6)，頁 211-241。

莊天賜，〈日治初期臺南地區製糖業之變遷 (1898~1911)〉，《臺陽文史研究》4(2019.1)，頁 43-72。

莊天賜，〈日治明治後期彰化製糖業之發展 (1902~1911)〉，《彰化文獻》20(2015.10)，頁 33-59。

莊天賜，〈日治時期屏東平原糖業之研究〉，中壢：國立中央大學歷史研究所碩士論文，2001 年。

莊天賜，〈臨時臺灣糖務局時期原料採取區域制度之施行(1904~1911)〉，《師大臺灣史學報》5(2012.12)，頁 71-96。

莊天賜，《臨時臺灣糖務局與臺灣新製糖業之發展（1902-1911）》，臺北：花木蘭，2014 年。

陳明發，〈日本最古製糖機械〉，陳明發提供筆記資料，未出版。

陳美鈴，〈日治時期嘉義地區的糖業和水利演變與區域發展〉，《臺灣文獻》59：4（2008.12），頁 139-198。

呉叔玲、「總督府時代之台湾糖業研究─以新渡戸稲造之「糖業改善意見書」為中心」、台北:淡江大学日文研究所修士論文、2007 年。

呉美蘭、「日據時代台湾的糖業政策」、『台湾人文』3/4 (1978.4、7)、50-70 頁。

呉密察、『台湾近代史研究』、台北:稲香、1990 年。

李品寛、「日治時期台湾近代紀念雕塑人像之研究」、台北:国立台湾師範大学台湾史研究所修士論文、2009 年。

杜明玲、「製糖産業与地方發展的連動─以水上郷之南靖糖廠為例(1908–2008)」、台北:国立台北教育大学台湾文化研究所、2019 年。

林呈蓉、荒木一視、「台湾之於「東洋協会」的歴史意義」、Journal of East Asian Identities、1(2015)、53-80 頁。

林思佳、「台湾糖業発展和地方特性之形塑─以高雄縣橋頭郷為例」、台北:国立台湾師範大学地理学研究所修士論文、1997 年。

前田蓮山、『政治は人格なり』、東京:新作社、1924 年。

涂照彦、『日本帝国主義下の台湾』、東京:東京大学、1975 年。

莊天賜、「日治初期屏東平原製糖業的変遷」、『中国歴史学会史学集刊』31(1999.6)、211-241 頁。

莊天賜、「日治初期台南地区製糖業之変遷 (1898~1911)」、『台陽文史研究』4(2019.1)、43-72 頁。

莊天賜、「日治明治後期彰化製糖業之発展 (1902~1911)」、『彰化文献』20(2015.10)、33-59 頁。

莊天賜、「日治時期屏東平原糖業之研究」、中壢:国立中央大学歴史研究所修士論文、2001 年。

莊天賜、「臨時台湾糖務局時期原料採取区域制度之施行 (1904~1911)」、『師大台湾史学報』5(2012.12)、71-96 頁。

莊天賜、『臨時台湾糖務局与台湾新製糖業之発展(1902-1911)』、台北:花木蘭、2014 年。

陳明発、「日本最古製糖機械」、陳明発提供の筆記資料、未出版。

陳美鈴、「日治時期嘉義地区的糖業和水利演変与区域発展」、『台湾文献』59:4(2008.12)、139-198 頁。

森久男，〈臺灣總督府の糖業保護政策の展開〉，《臺灣近現代史研究》，第 1 輯（東京：臺灣近現代史研究會，1979 年），頁 42-82。

衆議院、参議院編，《議会制度七十年史．第 11》，東京：大蔵省印刷局，1962 年。

黃秀政，〈矢內原忠雄『帝國主義下の台灣』的一些檢討〉，收於吳密察，《臺灣近代史研究》，臺北：稻香，1990 年。

黃紹恒，〈試論初期原料採取區域制〉，《第三屆臺灣總督府公文類纂學術研討會論文集》(南投：臺灣省文獻委員會，2001 年)，頁 295-303。

楊惠雯，〈屏東糖廠與屏東市街發展關係之研究〉，屏東：國立屏東科技大學農村規劃系碩士論文，2005 年。

楊慧瑾，〈論殖民糖業生產下殖民城市之建構—日據屏東市之個案研究〉，臺北:國立臺灣大學建築與城鄉研究所碩士論文，1992年。

鈴木惠可，〈山本悌二郎胸像と彫刻家黃土水〉，《佐渡文獻》，120（2019），頁 76。

鈴木惠可，〈邁向近代雕塑的路程—黃土水於日本早期學習歷程與創作發展〉，《雕塑研究》，14（2015），頁 87-132。

臺灣製糖株式會社，《臺灣製糖株式會社創立十五週年寫真》，東京：臺灣製糖株式會社東京事務所，1915 年。

趙文榮，〈日治時期臺南州區之糖業與地方社會 (1895-1945)〉，嘉義：國立中正大學歷史研究所博士論文，2010 年。

蔣尚霖，〈日治新式製糖嚆矢－論橋仔頭製糖所及其區域發展〉，彰化：國立彰化師範大學歷史學研究所，2013 年。

興南新聞社，《臺灣人士鑑》，臺北：編者，1943 年。

鍾書豪，〈花蓮地區的糖業發展 (1899-2002)〉，花蓮：國立花蓮師範學院鄉土文化研究所，2004 年。

顏義芳，〈日據初期糖業獎勵政策下的臺灣糖業發展〉，《臺灣文獻》50：2(1999.6)，頁 233-249。

魏嚴堅，〈日據時期臺灣糖業政策之探討—兼論二林蔗農事件〉，《臺中商專學報》24 (1992.6)，頁 177-200。

森久男、「台湾總督府の糖業保護政策の展開」、『台湾近現代史研究』、第 1 輯（東京：台湾近現代史研究会、1979 年）、42-82 頁。

衆議院、参議院編、『議会制度七十年史、第 11』、東京：大蔵省印刷局、1962 年。

黄秀政、「矢内原忠雄『帝国主義下の台湾』的一些検討」、收於冥密察、『台湾近代史研究』、台北：稲郷、1990 年。

黄紹恆、「試論初期原料採取区域制」、『第三屆台湾總督府公文類纂学術研討会論文集』（南投：台湾省文献委員会、2001 年）、295-303 頁。

楊恵雯、「屏東糖廠与屏東市街発展関係之研究」、屏東：国立屏東科技大学農村規画系修士論文、2005 年。

楊慧瑾、「論殖民糖業生産下殖民城市之建構―日據屏東市之個案研究」、台北：国立台湾大学建築与城郷研究所修士論文、1992 年。

鈴木恵可、「山本悌二郎胸像と彫刻家黃土水」、『佐渡文献』、120（2019）、頁 76。

鈴木恵可、「邁向近代雕塑的路程―黃土水於日本早期学習歴程与創作発展」、『雕塑研究』、14（2015）、頁 87-132。

台湾製糖株式会社、『台湾製糖株式会社創立十五週年写真』、東京：台湾製糖株式会社東京事務所、1915 年。

趙文榮、「日治時期台南州区之糖業与地方社会（1895-1945)」、嘉義：国立中正大学歴史研究所博士論文、2010 年。

蔣尚霖、「日治新式製糖嚆矢－論橋仔頭製糖所及其区域発展」、彰化：国立彰化師範大学歴史学研究所、2013 年。

興南新聞社、『台湾人士鑑』、台北：編者、1943 年。

鍾書豪、「花蓮地区的糖業発展（1899-2002)」、花蓮：国立花蓮師範学院郷土文化研究所、2004 年。

顔義芳、「日據初期糖業奨励政策下的台湾糖業発展」、『台湾文献』50：2(1999.6)、233-249 頁。

魏厳堅、「日據時期台湾糖業政策之探討―兼論二林蔗農事件」、『台中商専学報』24（1992.6)、177-200 頁。

山本悌二郎關係大事紀

年	歲	紀事
1870(明治 3)	1	1 月 10 日　出生於今新潟縣佐渡市真野新町
1880(明治 13)	11	入佐渡相川之円山漠北學古塾習漢學
1882(明治 15)	13	5 月　與同鄉前輩鵜飼郁次郎往東京，入二松學舍
1886(明治 19)	17	3 月 13 日　以駐德公使品川弥二郎隨員身分赴德國留學
1888(明治 21)	19	9 月　德國包岑農學校畢業
1890(明治 23)	21	入德國霍恩海姆大學
1892(明治 25)	23	德國霍恩海姆大學畢業 入德國萊比錫大學研究科
1893(明治 26)	24	4 月　取得博士學位 5 月　以宮內省留學生身份赴英進行農業考察
1894(明治 27)	25	3 月　返日。任宮內省囑託
1895(明治 28)	26	10 月 25 日　宮內省囑託解任 11 月 15 日　任第二高等學校教授 11 月 24 日　父山本桂去世
1897(明治 30)	28	5 月 28 日　辭第二高等學校教職 6 月 27 日　入日本勸業銀行任貸付部鑑定課長
1899(明治 32)	30	3 月 17 日　母山本美無子去世
1900(明治 33)	31	4 月 2 日　辭日本勸業銀行職 10 月 1 日　以創社事務員身分加入臺灣製糖株式會社創立，首度來臺
1901(明治 34)	32	2 月 2 日　任臺灣製糖株式會社支配人（經理）
1904(明治 37)	35	3 月 14 日　首度當選新潟縣佐渡選區眾議員 8 月 20 日　任臺灣製糖株式會社取締役（董事）
1905(明治 38)	36	3 月 23 日　任臺灣製糖株式會社常務取締役（常務董事） 6 月　率 3 位技師赴夏威夷考察糖業

山本悌二郎關係大事紀

年	年齢	出来事
1870(明治3)	1	1月10日　現在の新潟県佐渡市真野新町に生まれる
1880(明治13)	11	佐渡相川の円山漢北学古塾で漢学を学ぶ
1882(明治15)	13	5月　同郷の先輩鵜飼郁次郎と上京、二松学舎に入学
1886(明治19)	17	3月13日　駐独公使品川弥次郎の随行としてドイツに留学
1888(明治21)	19	9月　ドイツのバウツェン農学校卒業
1890(明治23)	21	ドイツのホーエンハイム大学入学
1892(明治25)	23	ホーエンハイム大学卒業 ライプツィヒ大学研究科入学
1893(明治26)	24	4月　博士の学位を取得 5月　宮内省給費生としてイギリスで農業視察
1894(明治27)	25	3月　帰日。宮内省嘱託となる
1895(明治28)	26	10月25日　宮内省嘱託を解任 11月15日　第二高等学校教授に就任 11月24日　父山本桂死去
1897(明治30)	28	5月28日　第二高等学校を退職 6月27日　日本勧業銀行入行、貸付部鑑定課長に就任
1899(明治32)	30	3月17日　母山本美無子死去
1900(明治33)	31	4月2日　日本勧業銀行を退職 10月1日　創立事務員として台湾製糖株式会社の創設準備に携わるために来台
1901(明治34)	32	2月2日　台湾製糖株式会社支配人就任
1904(明治37)	35	3月14日　新潟県佐渡選挙区衆議院に初当選 8月20日　台湾製糖株式会社取締役就任
1905(明治38)	36	3月23日　台湾製糖株式会社常務取締役就任 6月　技師三名を連れてハワイの糖業視察

年	歲	紀事
1910(明治 43)	41	10 月 6 日　當選臺灣糖業聯合會創會會長
1912(明治 45)	43	7 月 29 日　任臺灣製糖株式會社專務取締役（專務董事）
1915(大正 4)	46	6 月 15 日　獲頒藍綬褒章 8 月 6 日　獲聘臺灣勸業共進會評議員
1916(大正 5)	47	9 月 16 日　當選臺灣倉庫株式會社創會社長
1919(大正 8)	50	5 月 24 日　獲聘臺灣電力株式會社設立委員
1921(大正 10)	52	10 月 28 日　當選臺灣製糖株式會社取締役會長兼專務取締役
1925(大正 14)	56	10 月 28 日　卸專務取締役，專任臺灣製糖社長
1927(昭和 2)	58	4 月 20 日　辭臺灣製糖株式會社社長 任田中義一內閣農林大臣 10 月　黃土水為山本悌二郎製作之胸像完工
1928(昭和 3)	59	黃土水為山本悌二郎製作另 1 尊石膏胸像
1929(昭和 4)	60	2 月 5 日　山本銅像在橋頭糖廠舉行除幕式 7 月 2 日　隨田中內閣總辭卸任農林大臣
1931(昭和 6)	62	5 月　黃土水在 1927 年製作的山本胸像石膏原模在「彫刻家故黃土水君遺作品展覽會」中展出。 12 月 13 日　任犬養毅內閣農林大臣
1932(昭和 7)	63	5 月 26 日　隨犬養毅內閣總辭卸任總理大臣
1937(昭和 12)	68	12 月 13 日　任大東文化協會會頭 12 月 14 日　因腦溢血去世 12 月 17 日　東京青山齋場舉行葬儀。 橋子頭製糖所舉行慰靈式 高雄愛國婦人會館舉行遙祭式
1959(民國 48)		10 月 16 日　山本銅像連同橋頭糖廠第一代製糖機械被運往日本
1960(民國 49)		7 月　山本銅像安座於新潟縣佐渡市真野公園

年	年齢	出来事
1910(明治 43)	41	10 月 6 日　台湾糖業聯合会初代会長に選出
1912(明治 45)	43	7 月 29 日　台湾製糖株式会社専務取締役就任
1915(大正 4)	46	6 月 15 日　藍綬褒章受賞 8 月 6 日　台湾勧業協進会評議員任命
1916(大正 5)	47	9 月 16 日　台湾倉庫株式会社初代会長に選出
1919(大正 8)	50	5 月 24 日　台湾電力株式会社設立委員任命
1921(大正 10)	52	10 月 28 日　台湾製糖株式会社取締役会長兼専務取締役選出
1925(大正 14)	56	10 月 28 日　専務取締役を辞任、台湾製糖社長専任
1927(昭和 2)	58	4 月 20 日　台湾製糖株式会社社長辞任 田中義一内閣農林大臣就任 10 月　黄土水制作の山本悌二郎胸像完成
1928(昭和 3)	59	黄土水が山本の石膏胸像を制作
1929(昭和 4)	60	2 月 5 日　橋頭糖廠で銅像除幕式開催 7 月 2 日　田中内閣総辞職に伴い農林大臣辞任
1931(昭和 6)	62	5 月　1927 年制作の山本胸像の石膏型が「彫刻家故黄土水君ゐ作品展覧会」で展示される。 12 月 13 日　犬養毅内閣の農林大臣就任
1932(昭和 7)	63	5 月 26 日　犬養毅内閣総辞職に伴い、農林大臣辞任
1937(昭和 12)	68	12 月 13 日　大東文化協会会頭就任 12 月 14 日　脳溢血で死去 12 月 17 日　東京青山斎場で葬儀 橋子頭製糖所で慰霊式 高雄愛国婦人会館で遥祭式
1959(民国 48)		10 月 16 日　山本銅像が第一代製糖機器とともに日本に輸送
1960(民国 49)		7 月　銅像が新潟県佐渡市真野公園に設置

作　　者 / 莊天賜
譯　　者 / 鳳氣至　純平
發 行 人 / 李旭騏
行政督導 / 王舒瑩　莊建華
執行編輯 / 王興安
封面設計 / 野去創意有限公司
封面插圖 / 林佩穎
內文排版 / 野去創意有限公司

出　　版 / 高雄市立歷史博物館
地　　址 / 803003 高雄市鹽埕區中正四路 272 號
電　　話 / 07-5312560

定　　價 / 360 元
初版一刷 / 2022 年 12 月
ISBN / 978-626-7171-30-1（平裝）
GPN / 1011102081

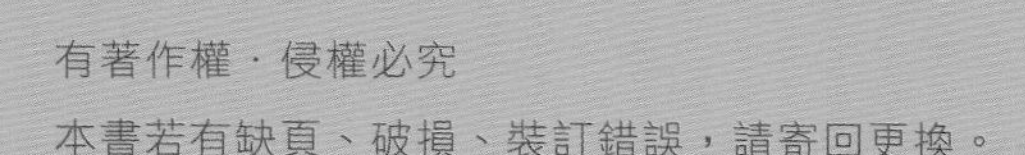